泰和泰刑事合规法律中心 编

突发公共卫生事件
企业刑事合规实务指南

Practical Guidelines for Corporate Criminal Compliance During Public Health Emergencies

主编 程守太

中国出版集团
研究出版社

图书在版编目 (CIP) 数据

突发公共卫生事件企业刑事合规实务指南 / 程守太主编 . -- 北京 : 研究出版社 , 2020.3

ISBN 978-7-5199-0872-0

Ⅰ . ①突… Ⅱ . ①程… Ⅲ . ①企业法 – 中国 – 指南②刑法 – 中国 – 指南 Ⅳ . ① D922.291.91-62 ② D924-62

中国版本图书馆 CIP 数据核字 (2020) 第 034535 号

出 品 人：赵卜慧

责任编辑：张立明　赵利民

突发公共卫生事件企业刑事合规实务指南

TUFA GONGGONG WEISHENG SHIJIAN QIYE XINGSHI HEGUI SHIWU ZHINAN

作　　者　程守太 主编
出版发行　研究出版社
地　　址　北京市朝阳区安定门外安华里 504 号 A 座（100011）
电　　话　010-64217619　　64217612（发行中心）
网　　址　www.yanjiuchubanshe.com
经　　销　新华书店
印　　刷　河北赛文印刷有限公司
版　　次　2020 年 3 月第 1 版　　2020 年 3 月第 1 次印刷
开　　本　710 毫米 ×1000 毫米　1/16
印　　张　12.75
字　　数　143 千字
书　　号　ISBN 978-7-5199-0872-0
定　　价　39.00 元

前言

“灰犀牛”一词意指那些高概率发生却屡屡被人忽视，最终酿成大危机的事件。面对突发的危机事件，人们往往抱有侥幸甚至傲慢的心态无视其巨大征兆，直至危机暴发。

从企业合规管理学角度，那些可能导致企业及员工承担法律责任，受到相关处罚，造成经济或声誉损失以及其他负面影响的一个个“灰犀牛”事件，被称为企业管理中的法律“合规风险”。

2003年，SARS病毒肆虐；2020年初，时隔17年后新型冠状病毒再次肆虐。面对人类共同的灾害，众多企业体现出了社会责任和担当，第一时间复工生产，不计成本支援重疫区。但是，与此同步，防控疫情急需的医用防护品断货、假冒产品横行、虚假信息四起、哄抬物价……各种有悖常理的“违规”案件也不断涌现。

这场公共卫生领域的“灰犀牛”事件后，面对持续叠加的影响，更大的考验接踵而来：个别抵御风险较弱的企业关门歇业、裁员自救，更多的企业将面对产品调整、筹措资金、用工调整、复工生产、工商税收、员工保障等一系列棘手难题。

新冠肺炎疫情防控是对社会治理能力的“大考”，更是对企业和企业家市场生命力的“大考”。在疫情阻击战中，国家有关部委和各地政府机关、纪检监察机关、司法机关密集出台相关规定，执法、调查、司法力度日益加大。在加大打击企业“违规”行为的同时，积极帮助企业复工复产，给予金融政策、税收政策扶持，严格监管和政策扶持齐头并进，各项监管措施不断叠加。

经营管理形势严峻、大量法律法规出台、执法力度加大……企业无疑面对巨大的“刑事合规”压力。在极端特殊情况下，有一些企业很可能因为欠缺应对经验和相关法律知识而作出错误的决策，将自身带入被追究刑事责任的泥淖中，给企业发展带来致命的影响和打击。企业和企业家必须提升法律意识，加强法律风险预知能力，及时和准确地规避和控制刑事法律风险。

本书紧紧围绕公共卫生领域的突发事件，试图准确解读国家和地方密集出台实施的相关法律法规，通过参与办理和媒体公开报道的大量典型案例，剖析企业管理中存在的合规漏洞，并力图给出专业的合规修补建议，以此为企业在疫情期间及疫情后快速恢复正常经营管理，提供法律层面的有效帮助。

本书共分十二章：前两章主要根据突发公共卫生事件背景，结合近年来企业犯罪原因分析、对企业和企业家面临的刑事风险进行梳理，阐述了刑事合规对企业预防犯罪的必要性。第三至第十章主要结合新冠肺炎疫情对企业合规的新要求，聚焦企业经营管理活动，从行政监管、刑法打击等方面阐述企业面临的热点问题，内容涵盖生产用工行为、普通交易和野生动物交易行为、缴税行为、融资行为、知识产权和宣传推广行为、互联网企业和捐赠的网络经营行为、职务行为等七个方面，从刑事或行政案件、刑事法律和司法解释规定、企业合规计划制定要点等为企业提出刑事合规的具体办法。第十一章具体介绍编者对刑事合规具体工作流程的探索和尝试。最后一章，结合中央政策、司法政策、理论观点等提出了将合规计划纳入立法和司法解释中的建议。

本书是编者作为长期奋战在我国司法一线，并长期关注和研究刑事法律和合规管理的实务工作者，在新冠肺炎疫情下，从职业角度对如何实现国家治理能力和治理水平现代化这个“考题”，所迸发出的一些体会，起源于疫情但思考并不止于疫情，更关注企业长期治理的刑事合规制度建设。

本书编撰时间有限，难免挂一漏万，个别观点论述不够充分，敬请读者海涵。

2020 年 2 月 20 日

目 录

第一章

企业和企业家刑事风险

一、一组数据带来的警示

社会的进步需要依靠经济的发展，企业作为社会经济组织，是社会经济的支柱，企业犯罪问题是全球关注的问题，普华永道全球同步公布的《2018 年全球经济犯罪调查报告》显示，在过去两年里 49% 的全球企业曾经遭遇经济犯罪事件，不仅较 2016 年调查时增加了 13%，更创下历史新高。最常见的经济犯罪方式是挪用资产（45%），接着是网络犯罪（31%）、消费者诈欺（29%）以及不当的商业行为（28%）等。其中内部人士和高阶主管的犯罪比例均有所攀升。[①]

（一）2018 年企业家涉嫌犯罪的数据警示

2018 年，中国企业家（包括国有企业家和民营企业家）触犯频次最高的前五个罪名分别为：非法吸收公众存款罪（693 次，27.21%）、

① Pulling fraud out of the shadows：Global Economic Crime and Fraud Survey 2018.

职务侵占罪（169 次，6.64%）、行贿罪（166 次，6.52%）、合同诈骗罪（160 次，6.28%）和单位行贿罪（159 次，6.24%），占本年度企业家犯罪频次总数的一半以上。①

（二）五年来企业家涉嫌犯罪的数据警示

自 2014 年至 2018 年，企业家触犯频次最高的前五个罪名分别为：非法吸收公众存款罪（1527 次，17.77%），虚开增值税专用发票、用于骗取出口退税、抵扣税款发票罪（971 次，11.30%），职务侵占罪（792 次，9.22%），合同诈骗罪（538 次，6.26%）和受贿罪（530 次，6.17%），占五年来企业家触犯罪名数的一半以上。②

上述统计数据让人警醒，中国企业在发展过程中，除了经营管理压力外，面临刑事责任成为最重要的风险。甚至有人调侃说“中国的企业家不是在监狱就是在去监狱的路上”，其实不是耸人听闻，而是在提醒企业和企业家一定要培养法律意识，不断提升对刑事风险的预见和处置能力。

二、突发公共卫生事件下的企业

（一）什么是突发公共卫生事件

突发公共卫生事件，是指突然发生，造成或者可能造成社会公众健康严重损害的重大传染病疫情、群体性不明原因疾病、重大食物和职业中毒以及其他严重影响公众健康的事件。③

① 北京师范大学中国企业家犯罪预防研究中心：《企业家刑事风险分析报告（2014—2018）》，载《河南警察学院学报》2019 年第 4 期。

② 北京师范大学中国企业家犯罪预防研究中心：《企业家刑事风险分析报告（2014—2018）》，载《河南警察学院学报》2019 年第 4 期。

③《突发公共卫生事件应急条例》第 2 条。

其特征包括：第一，突发性。很大的偶然性，不易预测，使人们难以及时预防。第二，公共性。即在广泛区域针对不特定多人发生。第三，复杂性。突发公共卫生事件的复杂性表现在成因复杂、种类复杂、影响复杂。第四，健康危害性。即对公众健康的损害和影响达到一定的程度。

（二）新冠肺炎是否属于突发公共卫生事件

《突发公共卫生事件应急预案》规定："根据突发公共卫生事件性质、危害程度、涉及范围，突发公共卫生事件划分为特别重大（Ⅰ级）、重大（Ⅱ级）、较大（Ⅲ级）和一般（Ⅳ级）四级。"

截至2020年1月29日，全国已经有31个省自治区直辖市针对新冠肺炎疫情启动了突发公共卫生事件一级响应，具体为：广东、湖南、浙江、湖北、天津、安徽、北京、上海、重庆、江西、四川、山东、云南、贵州、福建、河北、广西、江苏、海南、新疆、河南、黑龙江、甘肃、辽宁、山西、陕西、青海、吉林、宁夏、内蒙古、西藏。

（三）企业在突发公共卫生事件下应关注刑事风险

新冠肺炎疫情之下，国家行政和司法机关迅速应对，出台了一系列相关文件，对疫情之下的违规违法行为进行严厉监督和打击。由此产生的联动效应是，对生产经营、医疗卫生领域各企业单位的内部管理和经营方式提出了更高要求，包括生产防护类、医疗类产品的企业、餐饮企业、网络经营平台企业、宾馆招待所等企业单位。然而，其他企业也并不是可以"相安无事"，突发公共卫生事件一级响应的大背景下，经济活动传导的连环效应下，刑事风险是全社会都需要关注的问题。

三、企业和企业家犯罪的主要原因

（一）追求效益的目的天然靠近刑事风险

作为市场主体，无论是国有企业还是民营企业，经济效益都是其追求的重要目标之一。在企业的生产经营活动中，经营过程往往伴随着资本的大规模配置和资金的巨额运转，这种情况下，作为企业经营的“话事人”，企业家往往对企业自身资金和资源的调配具有较大的权力空间，这也为企业家创造出了较大的权力寻租空间，从而成为滋生职务犯罪的温床。类似情形，在国有企业和大型民营集团性企业中并不少见，主要表现形式为贿赂型犯罪、挪用型犯罪等。

大量民营企业，尤其是规模相对较小的民营企业，由于能够调配和影响的资金和资源规模有限，尚未达到“权力寻租”的阶段，则该部分民营企业家所面临的刑事犯罪风险就较低吗？显然不是。作为处于起步阶段的民营企业，面临的经营状态无非是“生存”抑或“发展”。无论是哪一种状态，主观和客观上都会促使企业的经营者始终把“盈利”作为经营行为的第一要务，并为了实现这个目标，不断地下探自己和企业的行为底线，进而引发对于法律红线的触碰。基于这个因素所产生的犯罪行为表现形式多种多样，以生产销售各类假冒伪劣产品、非法经营等为代表的破坏社会主义市场经济秩序类犯罪，主要的犯罪动机均源于此。

（二）内控机制缺失决定了企业家高犯罪风险

中国的法治建设大体上与国家的发展同步健全。经过几十年的立法进程，目前我国市场环境中调节和规制各种经济关系的法律已经相对健全和明确。党的十八大后，以习近平总书记为核心的党中央首次明确提出将“法治”作为社会主义核心价值观的重要组成部分，法律在国家政治和经济生活中承担了举足轻重的作用。

在“可为”与“不可为”的标准清晰明确、法律后果足以预期的情况下，企业家为什么仍然成了犯罪的高发人群？除了市场行为的自身特性以及整体经济政策影响之外，更重要的就是来源于企业和企业家自身的内因：法治观念淡薄、风控意识不强和内部监督缺位。

随着市场经济的深入发展，市场环境的准入门槛越来越低，对企业经营者的个人要求也越来越宽松，这不可避免地导致了企业家的法律观念水准的整体降低。在经济利益的驱动下，基于人性自身的弱点，或者不知法律规定不可为，或者明知不可为但存在侥幸心理，相当数量的企业经营者会在经营过程中或多或少地触碰法律红线。加之不少企业结构相对简单，缺乏、甚至根本没有有效的内部监督机制，企业经营者的行为毫无制约，导致其走上犯罪的道路。

（三）市场监管的高强度引发企业家高犯罪风险

自从改革开放以来，民营企业作为中国社会主义市场经济中的重要组成部分，在国民经济活动中充当着越来越重要的角色，在人民群众日常生活的保障层面，其“存在感”显而易见。但是在中国的历史文化传统、计划经济时代的“重公轻私”的经济观下，民营企业在市场环境中的生存和发展，往往要面对和承受着更大的困难和压力。

例如，国家对金融监管的力度以及民营企业融资难的现状成为引发融资类犯罪的外发性因素。资源和资本是企业运转的能源。在这种环境下，民营企业在经营过程中，往往无法通过自身努力获得支撑企业持续生存和发展的足够的资源和资金，从而使企业家在决策过程中出现“以身涉险”的局面。大部分的非法集资类犯罪、甚至相当数量的诈骗类犯罪，成因中均包含了此类因素。

为保障经济有序发展，国家越来越重视市场监管的力度。在维护市场秩序的监管中，国家市场监管总局、公安部、最高人民检察院、最高人民法院等均在不同领域，颁布了相应的政策和法规。例如，在职务犯罪领域，在国家反腐态势持续高压的情况下，查处了一批国资企业家受贿等职务犯罪案件，在对公职人员反腐的同时又牵扯出民营企业家的行贿、单位行贿等案件。市场监管的不断加强，将会进一步触发更高的企业刑事风险。

四、企业刑事风险的阵痛

（一）伤筋动骨的“痛上加痛”

关于企业的刑事法律风险触发的时机，并非在于被法院判决时，而是在刑事侦查程序启动时。对于企业来说，企业的刑事风险在其经营管理过程中，如果有违反法律、法规的操作，便留下了刑事风险。因某个因素触发后，刑事诉讼程序的开启即意味着伤筋动骨的开始，经过漫长的诉讼程序后，哪怕最终被判处无罪或国家赔偿，但企业的损失均是不可挽回的。其中，商业信誉、股票波动、经营活动等均可能受到一定影响，一些重大案件甚至导致企业账户被查封、经营场所被封闭等，这些均严重影响企业的生产经营，更有甚者，因卷入刑事案件，在刑事案件尚未判决之前企业已进入破产程序。

此外，企业家个人的行为也会对企业带来严重的负面影响。例如：京东 CEO 刘某东在美国明尼苏达州因涉嫌性侵被采取强制措施，尽管检方最终放弃对其指控，但受该负面信息的影响，京东公司的股价一路下跌至事发前的三分之二，预计市值蒸发 148 亿美元，约折合人民币 1000 亿元。[①]

（二）企业和企业家双双受罚

我国刑法第 31 条规定："单位犯罪的，对单位判处罚金，并对其直接负责的主管人员和其他直接责任人员判处刑罚。"根据该规定，企业刑事法律风险可能出现的责任一般由双重主体承担，这种既处罚单位又处罚个人的"双罚制"原则，说明了企业刑事法律风险具有双重性，单位和个人都面临着被处罚的危险。这种责任双重性说明了企业刑事法律风险的严重性。

（三）决策者承担终极责任

依据双重处罚原则，单位犯罪的，对单位判处罚金，并对直接负责的主管人员和其他直接责任人员追究刑事责任，而直接负责的主管人员，通常是指对犯罪中起决定、批准、受益、纵容、指挥等作用的人员，例如法定代表人，其他直接人员既可以是单位经营管理人员，也可以是单位聘任或雇佣的职工。同时，因刑法是以刑罚施加于个人起到威慑作用，刑法也规定了由于"公司人格"被否认而追究直接责任人承担刑事法律责任的情况，即使是单位集体决定的事项，也会将刑事责任穿透单位，直接追究个人的刑事责任。

例如，某国有企业在改制为股份公司的过程中，经过集体开会决

① 钱玉娟、王艺：《刘强东虽无罪京东股价商誉受损却难以估量》，2018 年 12 月 22 日报道，载经济观察网 http://www.eeo.com.cn/2018/1222/344014.shtml，最后访问日期 2020 年 2 月 19 日。

定，将3.3亿余元的国有资产转增为该公司股东的股本金，按照10股送5股的比例私分给3万多名职工。最后，公司董事长、公司总经理因涉嫌私分国有资产罪、贪污罪被检察机关立案侦查，法院以贪污罪、私分国有资产罪分别判处二人有期徒刑二十年和十九年。

（四）多重法律手段叠加处罚

企业犯罪大部分发生在市场监管领域，属于法定犯范畴。“法定犯”是与“自然犯”相对的概念，法定犯为法律拟制的一种“恶”，相比自然犯而言具有更弱的反道德伦理性，但对于市场秩序的严重侵害又导致其作为自然犯的衍生而不断被增加比重。在法定犯的罪名和案件中，刑事和行政手段的运用经常存在交叉。例如，在销售假药罪、污染环境罪、虚开增值税发票罪等法定犯罪名的具体掌握尺度上，都是由其他行政机关与公检法部门在共同研讨制定标准。

随着刑法和相关司法解释规定了越来越多的新型法定犯，许多学者认为法定犯的时代已经到来。在这当中，行政、刑事手段的交叉特点在案件中更加明显。刑法构成要件要素的判断标准呈现出越来越严重的行政规则化及刚性化。[①] 在此类案件的处理中，案件也是常常由行政监管部门在查处之后，发现金额或情节达到了刑事立案标准而移送刑事侦查机关处理。同理，不足以达到刑事犯罪标准的，则仍然可能遭遇行政处罚。

（五）企业受到刑事风险波及的次生风险日益凸显

对外交往中行为不当，导致企业法定代表人被查办，民营企业被监察机关要求协助调查带来的次生风险。如企业被司法机关或监察委通

① 王强军：《行政监管实质刑法化及其限制研究》，载《政治与法律》2019年第5期。

知协助调查，若被上下游企业或债权人知晓，则无论民营企业是否涉及刑事犯罪，都会立刻导致银行等债权人催收贷款、上下游企业停止合作等，对企业造成致命打击。若企业应收账款来自于他人的犯罪财产，导致企业巨额资金被冻结，资金长时间无法周转也会导致经营困难。

内部高管和员工损害企业自身的犯罪风险，如职务侵占罪、挪用资金罪、背信损害上市公司利益罪。企业内部人士利用企业对外犯罪的风险，如伪造公司、企业、事业单位、人民团体印章罪，若企业内部人员用伪造的公司印章对外实施法律行为，公司有可能因此而承担民事责任。

因第三方犯罪引发的企业刑事风险。如“快播”案中，虽然发布淫秽视频的主体有很多是网民，被告人辩称快播只是一个技术中立的播放器，但法院认定此种行为不属于不可罚的中立帮助行为，对深圳快播公司和主管人员追究了传播淫秽物品牟利罪，①2018 年广东省高级人民法院维持了深圳市市场监管局对快播公司的行政处罚 2.6 亿元决定。②

五、企业可能涉及的刑事法律风险

企业的刑事法律风险涵盖了企业从设立到运营再到终结的全生命周期，覆盖了生产经营类、销售类、融资类、国际贸易类众多领域，涉及土地、海关、工商、税务、知识产权、金融、环保等国家监管领域。刑事风险呈纵向和横向网络覆盖于企业各个活动过程中。每一个市场主体经营范围、经营目的、管理方式、合作伙伴等都不同，任何一种

①https://www.chinacourt.org/article/detail/2016/09/id/2077984.shtml.

②https://baijiahao.baidu.com/s?id=1621175147709165712&wfr=spider&for=pc.

理论分类都难以涵盖一家企业的全部刑事风险，本书尝试以经营行为对刑事风险进行类型划分。

（一）生产行为的刑事风险

1. 产品质量类

生产、销售伪劣产品罪；生产、销售假药罪；生产、销售劣药罪；生产、销售不符合安全标准的食品罪；生产、销售有毒、有害食品罪；生产、销售不符合标准的医用器材罪；生产、销售不符合安全标准的产品罪；生产、销售伪劣农药、兽药、化肥、种子罪；生产、销售不符合卫生标准的化妆品罪等。

2. 用工管理类

拒不支付劳动报酬罪、强迫劳动罪、雇佣童工从事危重劳动罪等。

（二）交易行为的刑事风险

1. 普通交易类

强迫交易罪；贷款诈骗罪；票据诈骗罪；金融凭证诈骗罪；信用证诈骗罪；保险诈骗罪；串通投标罪；合同诈骗罪；组织领导传销活动罪。

2. 违反行政规定交易类

非法经营罪；非法转让、倒卖土地使用权罪；逃避商检罪；伪造公司印章罪；非法收购、运输、出售珍贵、濒危野生动物，珍贵、濒危野生动物制品罪等。

（三）缴税行为的刑事风险

逃税罪；抗税罪；逃避追缴欠税罪；骗取出口退税罪；虚开增值税专用发票用于骗取出口退税、抵扣税款发票罪；虚开发票罪；伪造、出售伪造的增值税专用发票罪；非法出售增值税专用发票罪；非法购买增值税专用发票、购买伪造的增值税专用发票罪；虚开增值税专用发票用于骗取出口退税、抵扣税款发票罪；虚开发票罪；持有伪造的发票罪；走私普通货物、物品罪等。

（四）融资行为的刑事风险

1. 涉众型融资类

非法吸收公众存款罪；集资诈骗罪；擅自发行股票、公司、企业债券罪；编造并传播证券、期货虚假信息罪；诱骗投资者买卖证券、期货合约罪；操纵证券、期货市场罪；欺诈发行股票、债券罪；违规披露、不披露重要信息罪等。

2. 违反金融监管类

高利转贷罪；伪造、变造金融票证罪；妨害信用卡管理罪；窃取、收买、非法提供信用卡信息罪；内幕交易罪；泄露内幕信息罪；利用未公开信息交易罪；洗钱罪等。

（五）宣传推广行为的刑事风险

损害商业信誉、商品声誉罪；虚假广告罪；诈骗罪；假冒注册商标罪；销售假冒注册商标的商品罪；非法制造、销售非法制造的注册商标标识罪；假冒专利罪；侵犯著作权罪；销售侵权复制品罪；侵犯商业秘密罪等。

（六）网络行为的刑事风险

非法侵入计算机信息系统罪；非法获取计算机信息系统数据、非法控制计算机信息系统罪；提供侵入、非法控制计算机信息系统程序、工具罪；破坏计算机信息系统罪；拒不履行信息网络安全管理义务罪；非法利用信息网络罪；帮助信息网络犯罪活动罪；扰乱无线电管理秩序罪等。

（七）职务行为的刑事风险

商业贿赂类犯罪：受贿罪；行贿罪；非国家工作人员受贿罪；对非国家工作人员行贿罪；对外国公职人员、国际公共组织官员行贿罪等。

贪利型犯罪：贪污罪；职务侵占罪；私分国有资产罪。

挪用型犯罪：挪用公款罪；挪用资金罪等。

（本章撰稿人：苏琴）

第二章

刑事合规预防犯罪方法

一、企业犯罪预防方法——刑事合规

（一）合什么“规”

“合规”，顾名思义是：行为合乎规定。其原本是一个舶来品，最早出现于银行、金融企业和证券企业管理当中。合规的概念不难理解，但是遵循哪些规定，理论的理解却不尽一致。

广义说认为，“合规”即是为确保行为主体在参与到经济市场活动中符合所有法律规定，并保障自身能够在合理合法的前提下得以在市场经济中存续。

狭义说认为，“合规”所遵循的规定是有限制的，内容包括：一是所在行业、领域甚至于地域的道德规范亦或是行业操守；二是包括企业、社会团体及其组成人员所应遵守的内部规章制度、管理规范等；三是法律及其他规范性法律文件所作出的具有约束性、禁止性、普适性和强制效力的规定。

（二）合规为什么重要

过去传统的观念认为，遵纪守法是思想理念，我们常常看到很多人在犯罪时都在总结“法治意识淡薄”。然而，为什么在资讯发达的今天，仍然还会出现“法治意识淡薄”的问题呢？可见，违法犯罪并非仅仅是理念问题，是否遵纪守法这件事情本身，就需要企业建立一系列制度、规范予以确保。

（三）刑事合规的概念

刑事合规在国内的源起。刑事合规在我国是新兴理论，目前尚无统一定论，“之所以成为刑法研究的重要议题，与现代社会企业犯罪呈现严重化趋势有着直接的关联。由于企业活动的封闭性、灵活性，与千方百计绕过监管而获利的企业活动相比，法律对企业活动的监管始终表现出力不从心的一面。”[①] 如何使企业愿意自觉遵守刑事法律规定、建立守法机制，近年来一些学者和法律工作者开始探索刑事合规的问题。

所谓刑事合规，是指企业为避免因企业或企业员工相关行为给企业带来的刑事责任，而采用的以“刑事法律的标准来识别、评估和预防公司的刑事风险，制定并实施遵守刑事法律的计划和措施”。[②] 它应当包括，企业在参与市场经济活动中，为确保市场活动符合刑法及监管法规而制定内部规范、对员工培训、对舞弊行为调查等一系列行动，它是机构、企业自我预防犯罪的体系，独立于市场活动之外，又与市场活动紧密联系，

① 李本灿等编译：《合规与刑法——全球视野的考察》，中国政法大学出版社 2018 年版，第 1 页。

② 孙国祥：《刑事合规的理念、机能和中国的构建》，载《中国刑事法杂志》2019 年第 2 期，第 7 页。

是合规狭义说中最为严格且最具有底线保障的一个细分类别。

（四）刑事合规的理论依据

刑事合规的依据，来源于国外法律理论中的雇主监督义务，即企业的管理者有义务对员工加以监督，企业管理者有义务对证据确凿的员工不当举止调查，而违反调查义务的雇主也可能会被罚款或者被追究单位犯罪刑事责任。因此，企业是否建立足够的预防和管理体系成为衡量企业是否应当承担刑事法律责任的重要标准。①

（五）刑事合规的功能

刑事合规的功能是前瞻性的，企业或者个人对刑法、行政监管法规中可能涉及刑法的答责性规则，进行预估和判断，建立自身预防、调查、制裁措施，其目的在于降低企业或个人在追求经济利益时的刑事责任风险。

刑事合规是在刑法扩张发展的趋势下，在传统刑法一般预防功能中衍生出的，以经济刑法角度，帮助企业和个人预防、控制、防范刑事合规风险。一般包括：一是对日常企业预防犯罪隐患的诊断、制度建设和落实；二是对尚处萌芽或正在发生的刑事风险进行补救；三是对已经确认的刑事风险采取一切必要措施减小损害后果。

二、为什么需要刑事合规

（一）延续经营主体“存续”

所谓刑事合规的必要性，其核心即在于市场经济主体合法存续先于一切，没有完整刑事合规评价就没有肯定的存续，没有肯定的存续就不可能有稳定的发展，没有稳定的发展也不可能留下永恒的利益。

① 李本灿等编译：《合规与刑法——全球视野的考察》，中国政法大学出版社 2018 年版，第 55 页。

社会市场经济主体是以竞争力为核心在抢占市场份额，而为了抢占市场份额就必须要发展、要壮大，同时也要懂得如何保护自己，如何防范对手利用现有规则所实施的打击。

根据我国刑法分则之规定，现行刑法共有400余个罪名，其中直接与市场经济活动相关的就有100余个，传统的企业常年法律服务或单纯的民商事法律服务大多集中在合同、劳务以及针对市场主体所在的特定行业领域服务中，对于刑事领域则鲜有涉及。一切刑事风险都来源于行为，而任何行为都可能发展、组合成为一段或一系列法律关系。不同于民商事领域的形式主义，刑事所追求的实质正义将会撕开表皮直达肌理，对市场主体的行为评价不再单纯只看表面，一旦市场主体的某个或多个行为被判定涉及刑事红线，轻则其行为无效，重则追究刑事责任。

（二）避免经营主体“归零”

通常而言，在创新发展、开疆扩土的时候，许多市场经济主体乃至其管理人员始终无法判断、预知其行为到底为何性质，更有甚者为了利益，即便是对已经感知的违法行为仍采取放任、隐瞒态度。不可否认，当市场经济主体强大到一定程度时，便拥有了与之相对的抗风险能力，一般的民事诉讼乃至行政处罚都不至于使其伤筋动骨，但一场刑事诉讼，却极有可能使其过往全部归零。更何况，“两法衔接”即行政执法与刑事司法已在立法、执法层面衔接；“法法衔接”即纪检监察与刑事司法已经在违纪调查、刑事司法层面衔接，以至于一旦市场经济主体触及行政底线、党纪处分底线，其距离刑事红线已是咫尺之遥。大量实例已证明，在税务、食品药品以及在生产、销售领域的行政案件都被移送司法机关，经过纪律审查的案件也会被移送司法机关，最终所面临的不仅仅是行政处罚、违纪处理，单位及其相关责任人还将被追究刑事责任。

三、刑事合规在域内外司法的运用[①]

（一）《联邦检察官手册》

在美国，根据美国《联邦检察官手册》（U.S. Attorney Manual），检察官在决定是否提起公诉，以及是否达成暂缓起诉协议或不起诉协议时，至少要考虑以下十个重要因素：一是犯罪的性质和严重程度；二是公司内部不法行为的普遍性；三是公司类似行为的前科，包括民事不法前科和犯罪前科；四是公司是否愿意协助调查其代表人；五是公司是否建立了合规计划；六是公司是否及时并自愿披露不法行为；七是公司是否采取补救措施，如解雇实施不法行为的员工，并与政府机构进行合作；八是起诉可能引起的附带后果，包括对股东、员工等的影响；九是对公司采取民事或行政监管措施是否已经足以产生惩罚效果；十是对公司员工的起诉是否充分等。

大量的案例显示，美国检察官对于那些已经建立合规计划，与调查机构展开充分合作，但合规计划有待完善的涉案企业，更愿意通过签署暂缓起诉协议来督促其完善合规计划，以实现刑罚的惩罚、威慑和矫正功能。例如，2018 年 11 月 18 日，美国联邦司法部和纽约南区检察官办公室与法国兴业银行（SG）达成一项暂缓起诉协议，兴业银行同意向美国政府和纽约州政府支付 8.8 亿美元的刑事罚款，以换取联邦和州检察机关在约定的三年考验期内不对其涉嫌共谋犯罪提起公诉。

（二）DPA 守则

在英国，根据反严重欺诈办公室和皇家检察署公布的 DPA 守则，

① 参考北京大学陈瑞华教授的学术观点。

检察官在考虑是否对涉案企业适用DPA时，要进行证据检验和公共利益检验。涉案企业是否建立合规计划，被视为公共利益检验的重要考量因素。为确定签署暂缓起诉协议是否更符合公共利益，检察官通常要考虑企业所犯罪行的严重性，同时也要考虑以下四个因素：一是企业类似不法行为的历史；二是企业在违规之前、期间和之后的合规计划；三是企业什么时间披露其不法行为以及所提供的信息的准确性和完整性；四是企业配合刑事调查的情况。与此同时，在对检察官提交的暂缓起诉协议进行司法审查时，法官同样要对包括企业建立合规计划等因素进行考量，以便确认批准暂缓起诉协议更符合司法的利益。[①]

（三）雀巢公司案件

在中国，刑事合规尚属起步阶段，但已经在个别案件的司法裁判中被认可，成为企业不构成单位犯罪的重要原因。例如兰州雀巢公司案例。2017年5月，甘肃省兰州市中级法院对6名雀巢（中国）员工通过给予医务人员利益以获取患者个人信息，作出维持原判的二审裁定，分别认定这6名员工以及相关医院的医生构成侵犯公民个人信息罪。在一二审中，被告人（上诉人）的辩护律师均提出本案系单位犯罪，应追究雀巢（中国）有限公司的刑事责任，期待由此能减轻自然人的责任。法院则认为：单位犯罪是为本单位谋取非法利益之目的，在客观上实施了由本单位集体决定或者由负责人决定的行为。雀巢公司政策、员工行为规范等证据证实，雀巢公司禁止员工从事侵犯公民个人信息的违法犯罪行为，各被告人（上诉人）违反公司管理规定，为提升个人业绩而置法律规范、公司规范于不顾，违规操作进而贿买

① 陈瑞华：《企业合规视野下的暂缓起诉协议制度》，载《比较法研究》2020年第1期，第1—18页。

医务人员，获取公民个人信息的行为，并非雀巢公司的单位意志体现，因此不认为是单位犯罪。[①]

近年来，我国政府也在不断推进企业合规经营的能力。国家出台了《中央企业合规管理指引（试行）》（国资发法规〔2018〕106号）、《企业境外经营管理指引》（发改外资〔2018〕1916号），刑事合规虽然是刑事专业领域，但仍应当结合上述合规管理指引文件及国家标准《合规管理体系指南》（GB/T 35770—2017）等开展，才能融入企业合规管理的大趋势。

（本章撰稿人：潘燕、郭啸海）

① 甘肃省兰州市中级人民法院刑事裁定书，案号：（2017）甘01刑终89号。

第三章

新型冠状病毒肺炎疫情下企业面临的“大考”

一、整体政策全面出台，压缩“灰色空间”

2020 年 1 月后，新型冠状病毒肺炎（简称新冠肺炎，英文简称 COVID-19），成为继 2003 年“非典”之后再度引发全国高度关注的重大社会公共卫生突发事件之一。自疫情暴发以来，医护人员、公务人员、志愿者前赴后继，各级政府、司法机关、行政机关也纷纷出台各项政策文件，以规范各种不合规行为，法律风险急剧升高成为突出现象。同时，国家也在密集出台各种文件，保护企业复工复产，对于企业的扶持力度达到空前状态。

实际上，每一次类似于新冠肺炎疫情的突发性公共事件，不仅是对政府和相关职能部门的一次“大考”，也是对广大企业主和经营者法制观念、合规观念的严峻考验。日常经营过程中，企业和企业家是否始终以法律法规作为自己市场行为的制度底线和准则，在突发事件暴发期间将迅速明显地体现出来。我们看到，有些企业因为生产假冒伪劣口罩被从重处罚，甚至有些人因刑事犯罪被判处刑罚；我们还看到，众多医护人员千里驰援武汉，更多企业积极捐钱捐物。在这场疫情下，依法合规的企业将在这场事件中增强“免疫力”继续前进，违法乱纪的企业将会从市场消亡。从这场“大考”中，依法合规经营更加凸显了重要性。这场疫情下，“三横三纵”风险是企业面临的考验。

二、纵向对生产交易融资行为加大执法力度

（一）对防护类产品的生产活动加大执法力度

新型冠状病毒肺炎暴发以来，防护类产品、医疗类产品的生产行为刑事和行政监管风险突出。例如，口罩等防护用品成为最抢手乃至脱销的商品。由于供需失衡，有不少企业为谋取不义之财，不惜铤而走险生产假冒伪劣产品。然而这种做法将可能为企业带来行政处罚甚至刑事处罚的风险。

从行政监管的方面来看，国家市场监督管理总局明确：生产重点医疗应急防控物资的有关企业，要按照国务院的要求，抓紧组织生产，及时完成生产任务，与此同时，产品的质量管理也需要加强，保证其符合相关安全标准。另外，企业应该及时向政府有关部门上报产能产量、产品库存等数据。如果企业在生产相关产品的过程中存在违法问题的，企业可能将会受到严厉处罚甚至是顶格处罚。在执法程序上，国家市场监督管理总局已经授权各省级市场监管部门，根据当地疫情防控需要，简化执法和听证程序，压缩办案时限，提高案件的罚款数额限，对与疫情防控相关的违法案件有关机构会优先加快办理。

从刑事责任的角度来看，“两高”“两部”于 2020 年 2 月 6 日联合发布《关于依法惩治妨害新型冠状病毒感染肺炎疫情防控违法犯罪

的意见》（法发〔2020〕7号），其中第2条第三款明确：依法严惩制假售假犯罪。在疫情防控期间，生产、销售伪劣的防治、防护产品、物资，或者生产、销售用于防治新型冠状病毒感染肺炎的假药、劣药，符合刑法第140条、第141条、第142条规定的，以生产、销售伪劣产品罪，生产、销售假药罪或者生产、销售劣药罪定罪处罚；在疫情防控期间，生产不符合保障人体健康的国家标准、行业标准的医用口罩、护目镜、防护服等医用器材，或者销售明知是不符合标准的医用器材，足以严重危害人体健康的，依照刑法第145条的规定，以生产、销售不符合标准的医用器材罪定罪处罚。

各省市人民代表大会常务委员会、人民法院，也相继下发立法文件、指导意见。如，北京市人民代表大会常务委员会发布《关于依法防控新型冠状病毒感染肺炎疫情坚决打赢疫情防控阻击战的决定》，天津市公安局发布《关于举报疫情期间扰乱市场秩序违法犯罪活动的通告》，河北省高级人民法院、河北省人民检察院、河北省公安厅联合发布《关于严厉打击疫情防控期间违法犯罪行为的通告》等文件指出，在疫情防控期间，对于生产防治、防护产品、物资，用于防治新冠肺炎的药品、医疗器械、医用卫生材料等企业的管控力度加大，相关的行政监管措施也在加强。

（二）对销售和野生动物交易的行为加大执法力度

新型冠状病毒暴发以来，防护类产品、医疗类产品、野生动物等交易销售行为监管力度加大，由此辐射对整个市场交易秩序的强监管，全国相关行政主管部门及各级司法机关对于防疫期间的医疗卫生用品以及群众日常生活物资、消费品的监管力度不断加强，对于涉及此类违法、犯罪行为的打击力度也是空前加大，纷纷发布通告，再三强调规范相关产品销售活动的规范性、合法性，确保疫情期间商品质量符合法律以及相关质量标准的规定，同时也强调在疫情期间不得哄抬物价。

国家市场监管总局在疫情暴发后立即出台了《关于依法从重从快严厉打击新型冠状病毒疫情防控期间违法行为的意见》（国市监法〔2020〕27 号），强调在市场销售环节重点关注的违法行为是影响和破坏口罩、防护服等防护用品、抗病毒药品、消毒杀菌用品、相关医疗器械等防疫用品以及与群众日常生活相关的粮油肉蛋菜奶等基本民生商品的销售市场秩序的违法行为。一方面，针对医疗卫生类物资，售假贩假行为是为目前政策法规零容忍的违法行为，要从严、从重、从快处理；另一方面，针对全部疫情期间重要物资的市场销售活动应当在有序、可控、合法的情况下开展，杜绝任何影响市场秩序和社会稳定的行为出现。再者，对于销售企业不按规定明码标价、捏造散布涨价信息提高价格、牟取暴利大幅度提高价格、在地区或行业率先大幅度提高价格、囤积居奇谋取不法利益、价格欺诈等主观故意明显、违法情节和社会影响恶劣的违法行为也要坚决打击。以上行为一旦发现，随即依照产品质量法、价格法、价格违法行为行政处罚规定、关于商品和服务实行明码标价的规定等相关法律和行政法规对行为主体处以警告、没收违法所得、罚款、责令停业整顿甚至吊销营业执照、行政拘留等。

对于上述违法行为被所在地执法部门发现涉嫌犯罪的，将依法移送公安机关处理，按照刑法判处刑罚。除上文中已经载明的国家市场监管总局所出台的《关于依法从重从快严厉打击新型冠状病毒疫情防控期间违法行为的意见》中明确规定发现违法犯罪随即依照刑法处置外，“两高”“两部”下发了《关于依法惩治妨害新型冠状病毒感染肺炎疫情防控违法犯罪的意见》，其中也针对防疫期间销售环节所容易发生的违法犯罪行为提出要给予严惩。一是在疫情防控期间，违反国家有关市场经营、价格管理等规定，囤积居奇，哄抬疫情防控急需的口罩、护目镜、防护服、消毒液等防护用品、药品或者其他涉及民生的物品价格，牟取暴利，违法所得数额较大或者有其他严重情节，严重扰乱市场秩序的，依照刑法第225条第四项的规定，以非法经营罪定罪处罚；二是在疫情防控期间，假借研制、生产或者销售用于疫情防控的物品的名义骗取公私财物，或者捏造事实骗取公众捐赠款物，数额较大的，依照刑法第266条的规定，以诈骗罪定罪处罚；三是在疫情防控期间，聚众哄抢公私财物特别是疫情防控和保障物资，数额较大或者有其他严重情节的，对首要分子和积极参加者，依照刑法第268条的规定，以聚众哄抢罪定罪处罚。

地方层面，除了以上所列举的国家层面的行政执法机关以及司法机关所发布的政策文件规定外，各省、市党委政府、司法机关也根据当地实际情况，纷纷发布各项通告以及疫情期间的特殊管理规定，坚决依法依规查处在这个特殊时期出现在市场经济各环节的违法、犯罪行为，对于市场销售者而言，更需要重点关注销售领域的刑事合规，杜绝刑事风险的出现，共同维护市场秩序的合法稳定。

（三）对企业融资行为的政策放松但并未减弱

人民银行、财政部、银保监会、证监会、外汇局联合出台了《关于进一步强化金融支持防控新型冠状病毒感染肺炎疫情的通知》（银发〔2020〕29 号），发布 30 项工作举措，加大货币信贷支持力度，合理调度金融资源，维护金融市场平稳有序运行。从该文件来看，国家将会对制造业、小微企业、民营企业、批发零售、住宿餐饮、物流运输、文化旅游等受疫情影响较大的行业，并对湖北省等受疫情影响较大的区域，加大信用贷款和中长期贷款支持力度，特事特办，提高金融服务效率。

国务院总理李克强主持召开国务院常务会议明确：用好专项再贷款政策，支持银行向重点医疗防控物资和生活必需品生产、运输和销售的重点企业包括小微企业，提供优惠利率贷款，由财政再给予一半的贴息，确保企业贷款利率低于 1.6%。会议强调，宏观政策支持要精准到位，财政和审计部门要加强监督，保证资金用在刀刃上，对借机骗取套取财政和信贷资金的违法行为坚决严惩不贷，融资行为的刑事风险历来是企业高发的犯罪领域。

三、横向对知识产权、互联网、公职人员加大执法力度

（一）对知识产权加大保护力度

2020 年 1 月 31 日，国家卫生健康委员会发布了《新型冠状病毒感染不同风险人群防护指南》和《预防新型冠状病毒感染的肺炎口罩使用指南》通知，[①] 根据不同风险人群推荐使用的口罩有 4 种，分别是：一次性使用医用口罩、医用外科口罩、KN95/N95 及以上颗粒物防护口罩、医用防护口罩。同时，强调“棉纱口罩、海绵口罩和活性炭口罩对预防病毒感染无保护作用”。在巨大的市场需求带动下，防护口罩等已

① 国家卫生健康委疾控局疫情防控组：《关于印发新型冠状病毒感染不同风险人群防护指南和预防新型冠状病毒感染的肺炎口罩使用指南的通知》，2020 年 1 月 30 日，载疾病预防控制局官网 http://www.nhc.gov.cn/jkj/s7916/202001/a3a261dabfcf4c3fa365d4eb07ddab34.shtml, 最后访问日期 2020 年 2 月 15 日。

经出现了"一罩难求"的现象，平时不起眼，只卖几毛钱的口罩在疫情非常时期都卖到几元甚至十几元，好的知名品牌的口罩等防护用品更是贵得惊人，一些公司、企业趁机囤货涨价哄抬物价，甚至假冒注册商标，生产、销售假冒、伪劣的医护产品。在这样的背景下，强化对知识产权与推广行为的执法力度显得尤为重要。

而严格进行检验检测是品牌不易被假冒的重要手段。为此，2020 年 2 月 7 日，国家市场监督管理总局公布了获国家级资质认定的医疗器械防护用品检验检测机构名录，这类机构共有 55 家，其中，30 家具有医用一次性防护服检测能力，[①]34 家具有医用防护口罩检测能力，28 家具有医用外科口罩检测能力，24 家具有一次性使用医用口罩检测能力，34 家具有一次性使用灭菌橡胶外科手套检测能力，34 家具有一次性使用医用橡胶检查手套检测能力。[②]在前述行政监管和刑事追诉规定上，对这些标准的违反可能会涉及行政违法和刑事犯罪。

（二）加大对网络平台经营者的执法力度

疫情防控期间，各地方市场监督管理局、公安机关等纷纷出台相关文件，要求网络交易平台严禁为违法出售、购买、利用野生动物及其制品或者禁止使用的猎捕工具提供交易服务，要加强对网络平台食品、药品的价格和质量监管，严厉查处利用网络编造、复制、传播虚假疫情信息等违法行为。

浙江省市场监督管理局、浙江省药品监督管理局出台了《关于进一步加强市场监管领域新型冠状病毒感染的肺炎疫情防控工作的实施

①http://www.samr.gov.cn/xw/zj/202002/t20200207_311208.html, 最后访问日期 2020 年 2 月 15 日。

②http://www.samr.gov.cn/xw/zj/202002/t20200207_311208.html, 最后访问日期 2020 年 2 月 15 日。

意见》（浙市监市〔2020〕7号），要求各级市场监管部门加强对网络平台价格管控，引导平台内商家价格自律、诚信经营。督促网络订餐平台落实疫情防控要求，要求网络订餐平台向所有在线商户和送餐“骑手”发送落实疫情防控要求告知书，并强化对配送站点和配送人员的管理，加强对送餐“骑手”的测温、要求佩戴口罩和对配送箱消毒。再如，河北省市场监督管理局发布《关于疫情防控期间加强质量安全监管维护市场秩序的公告》，要求严禁网络交易平台、商品交易市场等交易场所为违法出售、购买、利用野生动物及其制品或者禁止使用的猎捕工具提供交易服务。又如，江苏省市场监督管理局召开会议，要求督促网络餐饮服务第三方平台加强对入网餐饮服务提供者和送餐人员的监督管理，从严从速查处不履行电子商务平台经营者法定责任的违法违规行为。

以上各省发布的文件、会议要求均说明，在当前这个特殊时期，国家对网络服务提供者的监督、管理职责要求更高，那么网络服务提供者在提供网络服务的过程中，应特别注意采取措施来降低自己的法律风险。

（三）对国企公职人员的党纪处分力度加大

疫情防控中，公职人员面临的刑事合规风险主要有纪检监察风险和刑事追诉风险两方面。

从各级纪检监察机关和司法机关发布通知、指导意见等文件来看，特定领域的公职人员风险加大，主要是：负有组织、协调、指挥、灾害调查、控制、医疗救治、信息传递、交通运输、物资保障等职责的国家工作人员；卫生行政部门的工作人员；从事实验、保藏、携带、运输传染病菌种、毒种的工作人员；管理用于防控新冠肺炎款物的国家工作人员或国有企业的人员。

根据中央纪委国家监委发布的《关于贯彻党中央部署要求、做好新型冠状病毒感染肺炎疫情防控监督工作的通知》中对各级纪检监察机关提出要求，要严格执纪，对贯彻落实党中央决策部署和习近平总书记重要指示批示敷衍塞责、弄虚作假、阳奉阴违等问题，坚决从严查处；对不担当、不作为、乱作为，推诿扯皮、消极应付等形式主义官僚主义问题，严肃查处、推动整改；对在疫情防控工作中失职渎职、挪用救援款物等违纪违法问题，坚决依纪依法调查处理。在这一要求下，对疫情防控中的公职人员的监督将会加强，公职人员将面临较高的纪检监察风险，具体来说，包括政务处分和纪律处分风险。

在疫情防控中的下列行为面临较高的政务处分风险：在执行国家重要任务、应对公共突发事件中，不服从指挥、调遣或者消极对抗的；破坏正常工作秩序，给国家或者公共利益造成损失的；违章指挥、违规操作，致使人民生命财产遭受损失的；发生重大事故、灾害、事件，擅离职守或者不按规定报告、不采取措施处置或者处置不力的；在项目评估评审、产品认证、设备检测检验等工作中徇私舞弊，或者违反规定造成不良影响的；泄露国家秘密的；泄露因工作掌握的内幕信息，造成不良后果的。

作为中国共产党党员的国家公职人员，还面临如下纪律处分风险：落实党中央决策部署不坚决，打折扣、搞变通，在政治上造成不良影响或者严重后果的，将面临违反政治纪律的纪律处分风险；工作中不负责任或者疏于管理，贯彻执行、检查督促落实上级决策部署不力，给党、国家和人民利益以及公共财产造成较大损失的，将面临违反工作纪律的纪律处分风险；对党不忠诚不老实，表里不一，阳奉阴违，欺上瞒下，搞两面派，做两面人的，将面临违反政治纪律的纪律处分风险。

“两高”“两部”发布的《关于依法惩治妨害新型冠状病毒感染肺炎疫情防控违法犯罪的意见》，提出了严惩疫情防控失职渎职、贪污挪用犯罪的意见，当前公职人员在疫情防控中有如下行为的，将面临刑事追诉风险：（1）滥用职权或者玩忽职守，致使公共财产、国家和人民利益遭受重大损失的；（2）严重不负责任，不履行或者不认真履行防治监管职责，导致新型冠状病毒感染肺炎传播或者流行，情节严重的；（3）违反国务院卫生行政部门的有关规定，造成新型冠状病毒毒种扩散，后果严重的；（4）利用职务便利，侵吞、截留或者以其他手段非法占有用于防控新型冠状病毒感染肺炎的款物，或者挪用上述款物归个人使用的；（5）挪用用于防控新型冠状病毒感染肺炎的救灾、优抚、救济等款物的。

总之，在各级政府和医务人员的共同努力下，新冠肺炎的疫情必将成为过去，我国经济形势长期向好的趋势不会变，企业和企业家应当在这场大考中历练抵御合规风险能力，磨练坚韧品质并树立正确价值观，为社会作更大的贡献。

（本章撰写人：李俊）

第四章

生产和用工行为的刑事合规

一、生产行为的刑事合规

生产者以生产盈利为目的，本来无可厚非，然而，为了“赚钱”不顾国法，就会给自己埋下涉刑“地雷”，刑事风险遍布生产、销售、售后及分配各环节，行差踏错都可能进入“雷区”。

（一）刑事合规点评

更换过期包装　网上销售获利

——浙江浦江张某涉嫌生产、销售伪劣产品案[①]

2020 年 1 月 20 日，张某在没有生产销售许可、清洁消毒设施以及检验设备的情况下，将 120 箱近 25 万只过期口罩（其中 25 箱生产日期为 2016 年 9

① 浦江县人民检察院：《“问题口罩”卖不得！浦江县检察院提前介入一起生产、销售“问题口罩”案》，载浦江县人民检察院网站 http://www.pjjc.gov.cn/Article_Show.Asp?id=325，最后访问日期 2020 年 2 月 23 日。

月 20 日，95 箱生产日期为 2017 年 3 月 20 日，有效期均为两年，现已过期）更换包装后通过微信销售，非法获利 6 万余元。2020 年 1 月 28 日，浦江县公安局已对张某以涉嫌生产、销售伪劣产品罪刑事拘留，浦江县检察院指派两名检察官提前介入，详细听取公安机关案情介绍，全面系统梳理在案书面证据材料、讯问笔录、微信聊天记录等，并对证据薄弱环节、下一步讯问要点提出多条意见，加快办案进度。

点评：口罩也有标准　无证不能生产

①生产者对产品质量负责不仅是产品质量法义务也是刑法义务。根据产品质量法第 26 条，生产者应当对其生产的产品质量负责，刑法第 140 条规定的生产、销售伪劣产品罪的犯罪主体是生产者、销售者。

②合格口罩属于防护产品受刑法保护。最高人民法院、最高人民检察院、公安部、司法部《关于依法惩治妨害新型冠状病毒感染肺炎疫情防控违法犯罪的意见的通知》（法发〔2020〕7 号）规定：在疫情防控期间，生产、销售伪劣的防治、防护产品、物资的行为按照生产销售伪劣产品罪处理。国家市场监管总局《关于依法从重从快严厉打击新型冠状病毒疫情防控 期间违法行为的意见》（国市监法〔2020〕27 号）明确口罩列为防护用品。

③生产日期是产品标准受刑法保护，最高人民法院、最高人民检察院《关于办理生产、销售伪劣商品刑事案件具体应用法律若干问题的解释》（法释〔2001〕10 号）规定：在产品中以次充好或者以不合格产品冒充合格产品的构成生产销售伪劣产品罪，《解释》同时规定“不合格产品”，是指不符合产品质量法第 26 条第二款规定的质量要求的产品。

④更换过期包装的行为可能涉嫌改变产品标准。产品质量法第 26 条第二款规定：产品质量应当符合下列要求：不存在危及人身、财产安全的不合理的危险，有保障人体健康和人身、财产安全的国家标准、行业标准的，应当符合该标准；具备产品应当具备的使用性能，但是，对产品存在使用性能的瑕疵作出说明的除外；符合在产品或者其包装上注明采用的产品标准，符合以产品说

明、实物样品等方式表明的质量状况。本案中，假设行为人确实是在无生产销售许可、清洁消毒设施、检验设备的情况下，积极实施了更换过期包装的行为，则存在改变产品明示的质量状况的情况，在刑法上可能成立制假售假犯罪。

⑤生产销售伪劣产品销售金额达五万元以上的可能受到刑法追诉。《关于办理生产、销售伪劣商品刑事案件具体应用法律若干问题的解释》规定，“销售金额”，是指生产者、销售者出售伪劣产品后所得和应得的全部违法收入。本案行为人获利金额达到6万元，达到犯罪标准。

⑥被查获的库存过期口罩可能属于尚未销售的伪劣产品，根据上述司法解释规定，如果货值金额达到刑法第149条规定的销售金额三倍以上的，可能以生产、销售伪劣产品罪（未遂）定罪处罚。

⑦假设张某构成生产、销售伪劣产品罪依据刑法第140条的规定，张某将可能面临两年以下有期徒刑或者拘役，并处或者单处销售金额百分之五十以上二倍以下罚金。

当前，疫情防控已经是全国最重要的工作，司法机关对影响疫情防控的生产活动中涉嫌刑事犯罪的问题，采取的是严惩态度，因此广大从事口罩、医药物资生产销售的企业及人员，应当从本案中汲取教训，在生产和销售过程中严格把控产品品质，避免因生产销售的产品不合格而产生刑事法律风险。

（点评人：潘燕）

工作记录造假　企业漏洞百出

——长生公司涉嫌疫苗造假案①

2018年7月15日，国家药品监督管理局发布通告指出，长春长生生物科技有限公司冻干人用狂犬病疫苗生产存在记录造假等行为。这是长生生物自2017年11月份被发现百白破疫苗效价指标不符合规定后不到一年，再曝疫苗

①《吉林长春长生公司问题疫苗案件相关责任人被严肃处理》，载新华网http://m.xinhuanet.com/2019-02/02/c_1124081147.htm，最后访问日期2020年2月22日。

质量问题。

10月16日，深交所发布公告，长生生物主要子公司存在涉及国家安全、公共安全、生态安全、生产安全和公众健康安全等领域的重大违法行为，深交所启动对长生生物重大违法退市机制。①

2019年2月，中央纪委国家监委开展了监管责任调查和审查调查工作，对6名中管干部作出予以免职、责令辞职、要求引咎辞职等处理，对涉嫌职务犯罪的原国家食品药品监督管理总局党组成员、副局长吴某给予开除党籍处分并移送检察机关依法审查起诉。从国家药监总局到长春市高新技术产业开发区管委会40余名干部人员受到不同程度处理。②

3月5日，在发布的2019年国务院政府工作报告中提出，加强食品药品安全监管，严厉查处长春长生公司等问题疫苗案件。3月12日，最高人民检察院检察长张军在作2019年最高人民检察院工作报告时明确：长生公司问题疫苗案，吉林检察机关依法批捕18人。③

11月8日，长生生物科技有限公司宣告破产。④

点评：生产记录造假引发多重危机　错误掩盖撕大风险敞口

①生产记录对企业的重要性。生产记录、检验记录是产品质量的工作底稿，是产品质量最原始反映，生产记录、检验记录不仅记载着企业的生产过程，而且也记录着产品的原材料、性能以及生产日期、销售去向等产品基本信息。编造生产记录、检验记录等问题，属于产品质量造假的虚假行为，无论是对虚假成分造假还是对有效期进行更改，都可能涉及行政处罚和刑事犯罪，因此疫苗事件曝光

---

①《深交所启动对长生生物重大违法强制退市机制》http://www.szse.cn/aboutus/trends/news/t20181116_557594.html，最后访问日期2020年2月22日。

②《吉林长春长生公司问题疫苗案件相关责任人被严肃处理》http://www.ccdi.gov.cn/toutiao/201902/t20190202_188303.html，最后访问日期3月3日。

③《数读2019最高检工作报告》http://news.jcrb.com/chart/201903/t20190312_1975152.html，最后访问日期2020年2月22日。

④《疫苗造假事件16个月后，长春长生正式宣告破产！》https://baijiahao.baidu.com/s?id=1649635351187359912&wfr=spider&for=pc，最后访问日期2020年2月22日。

后，国家药监局对其处以行政罚款、检察机关对公司高管批准逮捕了18人。

②生产记录造假与假药劣药的认定有直接关系。

药品管理法第98条规定：假药是指，药品所含成份与国家药品标准规定的成份不符；以非药品冒充药品或者以他种药品冒充此种药品；变质的药品；药品所标明的适应症或者功能主治超出规定范围。因此，假设涉案疫苗属于在有效成份的种类上进行造假，可能认定为假药。

劣药是指，药品成份的含量不符合国家药品标准；被污染的药品；未标明或者更改有效期的药品；未注明或者更改产品批号的药品；超过有效期的药品；擅自添加防腐剂、辅料的药品等。对此，国家药品监督管理局在《行政处罚决定书》（国）药监药罚【2018】1号[①]中明确：长生公司在2016年至2018年更改了184批次涉案产品的生产批号或实际生产日期，其中118批次向后变更生产日期，变相延长了产品有效期，上述更改生产批号和生产日期的涉案产品应当按劣药论处。

③单位和决策人将可能同时受到行政处罚。

根据药品管理法第124条规定，编造生产、检验记录的企业，可能被处以：没收违法药品及生产设备、罚款、吊销药品批准证明文件、药品生产许可证等；对法定代表人、主要负责人、直接负责的主管人员等，同时也会依据单位所获收入处以罚款，十年直至终身禁止从事药品生产经营活动、行政拘留等措施。

④单位和决策人将可能同时受到刑事追究。

刑法第141条规定的生产销售假药罪，是指生产药品管理法规定的假药和按假药处理的药品、非药品的行为。本罪是行为犯，故意实施生产假药行为的，无论是否造成危害后果，均可能构成犯罪。

刑法第142条规定的生产销售劣药罪，是指生产销售劣药造成人员轻伤、重伤或者死亡，以及其他对人体健康严重危害的行为。

刑法第150条规定，单位犯生产销售假药、生产销售劣药罪的对单位判处

①《国家药品监督管理局关于长春长生公司行政处罚决定》http://www.nmpa.gov.cn/WS04/CL2138/331328.html，最后访问日期2020年2月22日。

罚金，根据犯罪情节，对单位直接负责的主管人员和其他直接责任人处三年以上有期徒刑并处罚金。

⑤行政案件与刑事案件联系紧密。

根据刑事诉讼法第 54 条第二款规定，行政机关在行政执法和查办案件过程中收集的物证、书证、视听资料、电子数据等证据材料，在刑事诉讼中可以作为证据使用。市场监督管理局在行政程序过程中提取的生产记录等资料可以作为刑事案件的证据。

⑥错误处理撕大风险敞口。

长生公司在危机应对中采用了错上加错的做法，国家药监局在前述处罚决定书明确“你公司为掩盖违法事实，在国家药监局进行第一次飞行检查后，于 2018 年 7 月 10 日采取更换内部监控录像存储卡、部分计算机硬盘等方式，销毁相关证据”，“违反了有关单位不得拒绝和隐瞒”的规定。最终受到了巨额处罚、撤销有关药品批准证明文件以及涉案疫苗生物制品批签发合格证等处理。

总之，在生产活动中的造假行为，不仅会受到行政处罚，也会受到刑事侦查，可能会采取强制措施，长时间的诉讼程序可能导致企业处于脱管状态，经营状况无序。

（点评人：潘燕）

明知没有卫生许可　依然生产消毒产品
——冯某等人涉嫌生产、销售伪劣产品案[①]

2003 年 4 月，冯某身为卫生消毒用品有限公司法定代表人，在企业不具备生产条件，也没有取得省卫生部门发放的相关许可证的情况下，大量生产伪劣过氧乙酸达 29.922 吨。同时，当月以海明公司和汉明公司的名义，销售伪劣过氧乙酸 20 余吨，销售金额 24.7 万余元，另执法部门还查封了 9.265 吨价

①《西安日报》电子版 http://www.xiancn.com/gb/rbpaper/2004-01/03/content_98637.html，最后访问日期 2020 年 2 月 23 日。

值 13.5 万余元的产品。

同案人员张某身为公司会计，在明知企业没有相关卫生许可证的情况下，出具销售发票，并使用虚假的供货档案表与某医药公司签订销售产品合同，协助冯某甲将伪劣产品销往定西、咸阳、西安等地。同案人员冯某乙在卫生监督部门已作停产决定的情况下，仍然按照冯某甲的指示组织生产伪劣过氧乙酸数量共计 29.9 余吨。

检察机关通过出具卫生部门提供的证明材料等证据，认为以上 3 人涉嫌生产、销售伪劣产品罪，依法追究了 3 人刑事责任。

点评：违规生产销售　担负刑事责任

2003 年正是“非典”疫情防控期间，为严厉打击生产活动中的违法犯罪行为，最高人民法院、最高人民检察院发布《关于办理妨害预防、控制突发传染病疫情等灾害的刑事案件具体应用法律若干问题的解释》（法释〔2003〕8 号）第 2 条规定，在疫情防治期间，生产、销售伪劣的防治物资，用于防治传染病的假药、劣药，构成犯罪的，分别以生产、销售伪劣产品罪，生产、销售假药罪或者生产、销售劣药罪定罪，并且从重处罚。

①是否有生产许可证是认定案件的主要依据。本案中，在企业不具备生产条件，也没有取得省卫生部门发放的过氧乙酸许可证的情况，大量生产伪劣产品，销售金额达 24 万余元，依据刑法第 140 条及《关于办理妨害预防、控制突发传染病疫情等灾害的刑事案件具体应用法律若干问题的解释》的相关规定，其行为具有生产、销售伪劣产品罪的特征，销售金额达到追诉标准，因此涉嫌构成生产伪劣产品罪。

②法定代表人是第一责任人。企业法定代表人决定公司实施违法事项，会“首当其冲”承担单位犯罪的刑责、被采取强制措施，刑法第 30 条规定“公司、企业、事业单位、机关、团体实施的危害社会的行为，法律规定为单位犯罪的，应当负刑事责任”。第 31 条规定，单位犯罪的，对单位判处罚金，并对其直接负责的主管人员和其他直接责任人员判处刑罚。

③公司其他人员协助作假，视同共犯。张某身为公司会计，按照冯某甲的指示组织生产伪劣产品，出具销售发票，并使用虚假的供货档案与他人签订销售合同；冯某乙在卫生监督部门已作停产决定的情况下，积极协助冯某甲将伪劣产品销往多地，二人均涉嫌构成生产、销售伪劣产品罪的共犯。

④行政取证材料可能向刑事证据材料转化。从本案的报道来看，审理中，检察机关主要是通过出具卫生部门提供的证明材料等证据，认为应以生产、销售伪劣产品罪追究三被告人刑事责任。

（点评人：鲁珺江）

作为防疫指定企业　掺杂生产伪劣产品

——孟某等涉嫌生产、销售伪劣产品案[①]

2003年4月初，正当“非典”疫情扩散之时，哈尔滨某试剂厂被有关部门指定为生产过氧乙酸的厂家之一。但作为厂长的孟某不认真履行职责，反而伙同他人及自己的妻子，雇用民工，采取直接往水里掺冰酸和双氧水的方法，生产伪劣过氧乙酸并高价出售。

案发后，有关部门对该厂处以30万元罚款，并责令其停止生产。但孟某等人反而加快生产进度，致使大量该伪劣产品流向市场。据统计，期间该厂共生产3万余箱伪劣过氧乙酸，销售额达500万余元，涉案金额近千万元，该案6名犯罪嫌疑人被检察机关以涉嫌生产销售伪劣产品罪依法批捕。

点评：行政处罚仍不改　顶风作案真不该

本案中孟某作为该厂厂长，在企业不具备生产条件的情况下，伙同他人雇用民工并通过违规手段大量生产伪劣产品，在受到行政处罚之后依然“我行我素”，制假售价，销售金额达500万余元，其行为符合生产、销售伪劣产品罪

① 河南省高级人民法院 http://www.hncourt.gov.cn/public/detail.php?id=3182，最后访问日期2020年2月22日。

的构成要件。

在2020年初严峻的疫情防控背景下，《关于依法惩治妨害新型冠状病毒感染肺炎疫情防控违法犯罪的意见》重申并强调了对疫情防控期间生产、销售伪劣产品行为要从严处理、从重处罚。作为从事生产、销售行业的企业，应当从本案中汲取教训，在生产过程中严格把控产品品质，避免因生产销售的产品不合格而产生刑事法律风险。

（点评人：鲁珺江）

销售过期试剂　多人追责判刑
——某医院涉嫌销售不符合标准的医用器材案

甲乙两公司均为赵某作为实际控制人的公司，主要代理国外某品牌的体外试剂向医院销售，孙某、李某作为甲乙公司的员工在不同阶段作为营销专员对接甲乙公司向某医院的医疗器械销售。因赵某涉嫌其他犯罪，甲乙两公司向医院销售过期试剂的案情暴露。

某省食品药品监督管理局对公安机关的复函中，认定甲乙两公司向某医院销售的试剂部分批号不符合产品标准规定。并且，省食品药品监督管理局组织专家出具意见："若诊断试剂过期，项目检测性能下降，无法提供准确的检验结果，可能影响临床诊疗决策，造成患者诊治延误、身心伤害甚至危及生命，造成经济损失，引起不必要的医疗纠纷。"

后经司法鉴定，2009年至2015年期间，甲乙两公司累计向某医院供应体外试剂价值约1.2亿元，其中不符合效期的产品价值约220余万元。

法院一审判处甲乙公司罚金300万元；赵某有期徒刑十五年，罚金160万元；孙某有期徒刑十年，罚金160万元；判处李某有期徒刑八年，罚金120万元。

点评：涉嫌单位犯罪　穿透决策人员

本案试剂销售属于产品质量法等法律明令禁止销售的失效、变质的产品，甲乙及赵某、孙某、李某均构成销售伪劣产品罪，根据刑法有关规定，公司、企业、事业单位、机关、团体实施的危害社会的行为，法律规定为单位犯罪的，应当负刑事责任。销售不符合标准的医用器材罪、销售伪劣产品罪，都有单位犯罪。单位犯罪的，对单位判处罚金，并对其直接负责的主管人员和其他直接责任人员判处刑罚。本案无论是定此罪还是彼罪，都可以追究责任人员的刑事责任。据此，刑法对单位行为的追责会具有穿透性，无论是实际控制人还是员工都可能会承担刑事责任。

（点评人：李姣姣、谢伟超）

（二）刑事合规指引

问：疫情期间的行政风险行为怎么会向刑事风险行为转化？

答：国家市场监督管理总局明确此类案件“在法律规定的范围内处罚种类和处罚幅度内，将会受到顶格处罚”。行政执法程序加快，各级市场监管部门对与疫情防控相关的违法案件快审快办，提高应当进行听证案件的罚款数额，构成犯罪的会及时移送公安机关。

《关于依法惩治妨害新型冠状病毒感染肺炎疫情防控违法犯罪的意见》明确“依法严惩制假售假犯罪”。此外，各省市市场监管部门、公安机关、司法机关也迅速制订和下发指导意见，使查处、监管、侦查、起诉、审判无缝衔接。

问：疫情期间，哪些企业需加强自控？

答：（1）生产医疗器械、口罩、防护服、隔离服、护目镜、医用手套、消毒药水等医用卫生材料的企业。

（2）生产保障社会正常运转以及全体人民群众正常生活需要的必备物资，例如食品、燃料、基本生活用品等物资的企业。

（3）知道或者应当知道是不符合标准的医疗器械、医用卫生材料而购买、使用的医疗机构或者个人，使用此类产品并对人体健康造成严重危害的，也会面临被刑事追诉的风险。

问：疫情期间，企业生产行为刑事合规应该注意什么？

答：企业需要在流程方面关注国家行政监管规定、刑事法律规定，各级行政机关、司法机关的新出台意见；需要关注原材料采购、产品生产，产品质量管理、安全标准管理、生产任务期限管理，产能产量管理、产品库存管理等，坚决杜绝对口罩等防护用品制假行为。

问：疫情期间从事生产活动的企业有可能触犯哪些罪名？

答：生产、销售伪劣产品罪；生产、销售假药罪；生产、销售劣药罪；生产、销售不符合标准的医用器材罪等。

问：什么样的产品会被定性为伪劣产品？

答：我国刑法中的伪劣产品指：

（1）在产品中掺杂、掺假致使产品质量不符合国家标准的。

（2）以假充真，以不具有某种性能的产品冒充具有该种使用性能的产品。通俗来讲就是以甲产品冒充乙产品，如甲醇兑水冒充“白酒”。

（3）以次充好，以低等级、低档次的产品冒充高等级、高档次产品，以残次、废旧零配件组合、拼装后冒充正品或者新产品。通俗来讲就是以不好的、不合格的产品冒充好的、合格的产品，如用一般米酒冒充“茅台酒”、用废旧零件拼装手机冒充新手机。

（4）不符合产品质量法第 26 条第二款规定的质量要求的产品，包括不合理危及人身财产安全的产品，不具备应当具备的使用性能的产品，不符合产品包装上注明的标准、产品说明、实物样品的产品。

问：生产、销售伪劣产品在什么情形下会构成犯罪？

答：生产、销售伪劣产品，符合下列情形之一的将涉嫌犯罪：

（1）销售金额五万元以上；

（2）尚未销售的货值金额十五万元以上。

问：假药的认定标准是什么？

答：具有药品管理法第98条规定情形之一的，为假药：

（1）药品所含成份与国家药品标准规定的成份不符；

（2）以非药品冒充药品或者以A药品冒充B药品；

（3）变质药品；

（4）药品所标明的适应症或者功能主治超出规定范围，即未经药品监督管理部门同意，擅自在药品、说明书中添加适应症或功能主治。

问：生产、销售假药在什么情形下会构成犯罪？

答：生产、销售假药是行为犯，实施行为就可能构成犯罪；一般在三年以下量刑，但如果对人体健康造成严重危害可能会在三至十年之间加重处罚，致人死亡的可能在十年以上处罚，直至死刑。

问：哪种情况下可能认定为足以严重危害人体健康？

答：（1）产品中有毒有害物质超过相关标准；

（2）不含所标明的成份，存在贻误诊治的风险；

（3）超出规定范围标注药品的适应症或者功能主治范围，存在贻误诊治的风险；

（4）缺乏标明的急救必需的有效成份等。

问：什么是劣药？

答：（1）成份含量不符合国家药品标准的药品；

（2）受污染的药品；

（3）未标注有效期或者更改有效期的药品；

（4）未标注或更改产品批号的药品；

（5）超过有效期的药品。

问：生产、销售劣药在什么情形下会构成犯罪？

答：（1）造成人员轻伤、重伤或者死亡；

（2）造成轻度残疾或者中度残疾；

（3）造成器官组织损伤导致一般功能障碍或者严重功能障碍。

问：什么是不符合标准的医用器材？

答：不符合保障人体健康的国家标准、行业标准，如不按照《体外诊断医疗器械制造商为生物学染色用体外诊断试剂提供的信息》《病人、医护人员和器械用手术单、手术衣和洁净服第8部分：产品专用要求》等标准生产的医疗器械、医用卫生材料都属于不符合标准的医用器材范畴。

问：生产、销售不符合标准的医用器材满足什么条件会构成犯罪？

答：生产、销售不符合标准的医用器材符合下列情形之一的，将涉嫌犯罪：

（1）生产、销售的医用器材不符合国家、行业标准；

（2）医疗机构或者个人知道或者应当知道是不符合标准的医用器材而购买并有偿使用；

（3）致人轻伤；

（4）其他严重后果。

（三）刑事合规计划制定要点

企业应该从以下方面制定合规计划，防控刑事风险：

（1）关注行政监管红线，防止行政处罚带来的行政案件与刑事案件交叉，被移送司法机关处理。具体在公共卫生领域，生产重点医疗应急防控物资的有关企业，应重视原材料采购和产品生产，并加强产品质量管理，确保物资符合相关安全标准。有关企业应根据统一要求，及时上报产能产量、产品库存等数据。

（2）在突发公共卫生事件发生时，在处罚种类上，依法可以选择的处罚种类和处罚幅度内，监管机构可能适用较重、较多的处罚种类或者较高的处罚幅度进行处罚，其中罚款的数额会在从最低限到最高限这一幅度中较高的 30% 部分。

（3）企业应明确自己所生产、销售的产品是否属于医疗器械或医用卫生材料，指定专人搜集对这些产品的官方质量标准，确保生产线上的工人对卫生标准明知。

（4）企业应严格生产和销售记录的登记和管理，明确生产、销售的物品的数量及销售价格，是否为伪劣产品、假药、劣药或者不符合标准的医用器械、医用卫生材料。

（5）企业应明确是否对货物价值存在不确定因素，如果存在，请先行委托专业机构进行鉴定和评估。

（6）企业应指派专人严格审查进货渠道、价格、销售方式，以及合作伙伴是否曾因同类行为受过行政处罚等，并制定故意或者过失审查导致不良事件发生的处理办法。

（7）企业应对重点产品做相关专业测试，确定是否可能存在足以严重危害人体健康的因素，并已经被排除。

（8）企业应当将保证产品使用性能作为产品质量的最低标准，添加物质应符合法规或者产品明示质量标准规定的质量要求，不能将不具有某种使用性能的产品冒充具有该种使用性能的产品，不能以低等级、低档次产品冒充高等级、高档次产品，或者以残次、废旧零配件组合、拼装后冒充正品或者新产品的行为，严格禁止不符合产品质量法规定的质量要求的产品经过企业内部质量检验。

（9）企业应建立监督机构严格管理生产记录、销售记录、库存货物量，严格货物标价。

（10）药品生产企业还应当制定本单位的药品安全事件处置方案，保证职工都明知国家规定和企业规范，并组织开展专门的刑事风险防控培训。

二、用工行为的刑事合规

2008年，中华人民共和国劳动合同法颁布实施，其后于2012年完成修订。这在用工的规制、风险、成本等方面给企业带来了巨大的压力，同时也拉开了企业合规用工管理的序幕。其实，合规不是一个新概念，也不是法律对企业新增加的要求。但对于用工管理活动刑事合规，多数企业停留在用工法律风险防控水平，缺乏技术层面的支撑。

在特殊时期，企业用工管理活动的刑事风险也会发生变化。当前我国正面临严峻的新冠肺炎防治形势，对于企业而言，如何在防治期间合规复工复产又成为新的刑事风险发生的潜在诱因。就全国范围而言，很多案例就是因为在复工复产过程中，用工管理方面没能处理好相关权利义务关系，从而引发刑事犯罪，带来了刑事犯罪风险。

（一）刑事合规点评

恶意逃避支付工资　危及企业正常运营
——某公司、熊某、罗某涉嫌拒不支付劳动报酬罪案

2018年年初至2019年年初，某公司因经营不善，拖欠公司员工曹某、吴某等48名员工工资共计91.9万余元。熊某、罗某作为公司的实际经营人，为逃避支付员工工资及其他债务，于2019年1月底更换住址离开本区，并通过设置手机模式拒接陌生电话。

浙江省宁波市北仑区人力资源和社会保障局于2019年1月21日作出《劳动保障监察限期整改指令书》，责令该司于同年1月24日前支付拖欠的部分工资，并于当日将整改指令书张贴在公司营业场所。但责令整改期限届满后，该公司仍未予以支付。法院判决，该公司及熊某、罗某均构成拒不支付劳动报酬罪。

点评：欠薪失联　无法逃避

企业在经营不善的情形下，无法正常向员工支付工资属于普遍现象，但如果企业不能有效及时地对相关问题进行处理，可能引发刑事风险。根据法律规定，构成拒不支付劳动报酬罪有两个标准：一是企业存在恶意逃避支付责任的行为，且拒不支付的数额较大；二是政府有关部门在责令企业支付后仍拒不支付的，企业将涉嫌触犯拒不支付劳动报酬罪。

因此，企业在面对劳动者正常的讨薪要求时，首先一定要及时与劳动者进行协商，实事求是地告知劳动者企业的状况，并征求劳动者对于解决欠薪问题的意见，绝对不能以逃避、隐藏的方式拒绝沟通，将自己置于“潜逃”的境地；其次，在劳动部门介入后，要如实向劳动部门报告，积极地争取时间，尽可能地通过劳动部门协调相关薪资发放问题。只有做到以上两点，企业才能够有效防范因不能及时支付劳动报酬可能引发的刑事风险。

（点评人：李俊）

强行违令开工 行政拘留五日

——喻某被行政拘留案

2020 年 2 月 1 日下午，江苏省南通市通州区东社镇政府工作人员在对一家纺织厂进行检查时，发现该厂内有何某、杨某、纪某三名员工提前复工，正在车间赶制货物，后镇政府工作人员将该线索移交派出所。

派出所民警调查了解，该三名员工是在负责该厂车间生产的负责人喻某的要求下提前复工的。喻某明知有延迟企业复工的相关通知，但因年前有一批货物没有做完，所以叫了部分工人复工希望可以早点赶制完工，涉嫌违反了《江苏省人民政府办公厅关于延迟企业复工的通知》。

根据治安管理处罚法第 50 条第一款第一项，2020 年 2 月 2 日，喻某因拒不执行紧急状态下的决定、命令被公安机关处以行政拘留 5 日的处罚。

点评：疫情特殊时期 打击力度加大

为了防控新型冠状病毒肺炎疫情的传播，国务院于 2020 年 1 月 27 日下发了《关于延长2020 年春节假期的通知》，此后各地政府也根据突发事件应对法、传染病防治法分别对企业复工的时间进行了推迟，这其中就包括江苏省政府。根据江苏省政府的规定，省内除保障国计民生的企业可以正常复工外，其他各类型企业复工时间不得早于 2 月 9 日 24 时。喻某作为该工厂的负责人，在明知江苏省已明确要求企业推迟复工的情况下，冒着可能使得工厂工人遭到传染的风险执意提前复工，已经违反了治安管理处罚法的规定，因此遭到相应的行政处罚。

如果该企业在提前复工的过程中，一旦由于人群密集劳动导致传染病交叉感染的，喻某甚至可能构成过失以危险方式危害公共安全罪或妨害传染病防治罪。因此，在疫情防控的大背景下，各地政府的命令具有法律所赋予的强制力，是劳动人事工作需要遵循的重要内容。

（点评人：尹纪为）

招募智障人士强制劳动要不得
——陈某涉嫌强迫劳动罪案

陈某于2012年开始，与妻子褚某在北京市房山区某镇从事个体养牛。2015年至2016年间，陈某先后以提供食宿为由，从北京市丰台区将流浪人员王某、李某带回养牛场，强迫二名被害人从事养牛工作。其间，被告人陈某对二名流浪人员有殴打、辱骂、限制人身自由的行为。

2017年8月30日，流浪人员王某在河北省保定市一铁路桥下被发现，送至医院救治，王某被诊断为肺炎、肋骨骨折、脑软化灶。后救助站在“今日头条”发布寻亲公告，王某被弟弟接走。2017年9月9日，经医院诊断，被害人王某被初诊为截瘫、胸椎多处压缩骨折、横突骨折、右侧肋骨骨折、褥疮。经精神病防治院测验，其总智力比99.6%的人差。

2017年9月19日，被害人王某的弟弟报案。第二天，民警在北京市房山区某镇某村东养牛场将嫌疑人陈某抓获，同时解救了在养牛场的被害人李某。

点评：非法用工　风险巨大

新冠肺炎疫情期间，市场对医疗防护用品的需求量大增，但由于春节假期及疫情防控政策的原因，大量劳动力没有办法及时投入到生产一线中去。然而，劳动力短缺是一个不可避免的问题。因此，企业特别要注意，即使在公共卫生事件的关键阶段，企业也不得以暴力、威胁或者限制人身自由的方法强迫他人劳动，如果企业在明知其相关管理人员存在以上情况的，必须及时加以制止，否则可能引发“强迫劳动罪”的刑事责任风险。

为有效规避以上风险，企业除了加大对管理人员的培训与教育外，还应规范企业在招工、用工等方面的规章制度，如有效考察劳动者的素质、及时与劳动者签订劳动合同、为劳动者提供便利的工作条件及工作环境等。

（点评人：李俊）

安全生产责任大 疏忽大意担刑责
——殷某涉嫌重大劳动安全事故罪案

2017 年 7 月 4 日，殷某与赤某某签订房屋修建合同，约定建房安全由殷某负责。之后在施工过程中，殷某未履行安全管理责任，又提供了不符合安全标准的升降机一台。2018 年 7 月 30 日，施工人员段某、安某等人在为房屋贴瓷砖时，段某、安某在未确保安全情况下站在升高至四楼的升降机升降台上作业，因升降台突然向上提升，致二人从升降台上摔落，段某当场死亡，安某被送往医院经抢救无效死亡。

殷某作为对安全生产设施和安全生产条件负有管理、维护职责的人员，在安全生产设施和安全生产条件不符合国家规定的情况下，仍组织工人进行作业，因而发生重大伤亡事故，致二人死亡，其行为已构成重大劳动安全事故罪，依法应处三年以下有期徒刑或者拘役。

点评：保障员工安全 避免刑事风险

根据我国劳动法的规定，企业应当为劳动者提供必要的劳动安全卫生条件和必要的劳动防护用品。当前疫情防控中，企业应该为员工提供良好的工作环境及相应的防护用品，保障其身体健康。如果企业在未能提供必要的劳动安全卫生条件与必要的劳动防护用品的情形下要求员工复工，导致疫情传播、人员伤亡的，企业或其相关负责人可能将面临妨害传染病防治罪、重大劳动安全事故罪等刑事责任的追究。

为了避免上述情况的发生，建议企业在开工前尽量做好员工的健康检查工作，在生产时尽量为员工提供相应的防护用品，如口罩、消毒液等。对于从疫区返还工作岗位的员工，要建议其自行隔离 14 天并通过检测后再投入工作，自行隔离期间的工资应该照常发放。

（点评人：尹纪为）

（二）刑事合规指引

问：企业及相关管理人员违反劳动法的规定，可能引发的刑事责任风险有哪些？

答：拒不支付劳动报酬罪；雇佣童工从事危重劳动罪；强迫劳动罪；重大劳动安全事故罪。

问：企业提前复工可能导致的法律风险？

答：就本次疫情而言，企业不服从政府的命令，在公共卫生防控期间提前复工的，可能遭到行政处罚；如果提前复工导致传染病传播的，还可能引发过失以危险方法危害公共安全罪或妨害传染病防治罪的刑事风险。

问：企业延期复工期间是否应该支付工人工资，如果不支付可能会引发何种风险？

答：根据工资支付暂行规定的规定，企业因疫情停工停产，未超过一个工资支付周期的，企业应当按照职工本人正常劳动的工资标准支付工资。超过一个工资支付周期，企业安排职工工作的，按照双方新约定的工资标准支付工资；未安排职工工作的，按不低于最低工资标准的80% 支付生活费。如果企业不支付该期间员工工资的，可能遭到劳动监管部门的处罚，情节严重的甚至可能构成拒不支付劳动报酬罪。

问：员工返工后被隔离，员工是否有权要求被隔离期间的工资，用人单位拒绝支付的将会产生何种风险？

答：根据传染病防治法第 41 条规定，在隔离期间，实施隔离措施的人民政府应当对被隔离人员提供生活保障；被隔离人员有工作单位的，所在单位不得停止支付其隔离期间的工作报酬。因防疫需求被隔离的员工，在被隔离期间用人单位应该正常支付其工作报酬，如单位拒绝支付的，可能将引发拒不支付劳动报酬罪的刑事风险。

问：员工在工作期间感染新型冠状病毒肺炎是否属于工伤，企业应承担何种责任？

答：首先，根据人社部、财政部、卫健委三部委联合下发《关于因履行工作职责感染新型冠状病毒肺炎的医护及相关工作人员有关保障问题的通知》（人社部函〔2020〕11号），在疫情期间，只有在医护及相关人员因履行肺炎预防及防治工作而遭感染的情形下才可认定为工伤，因此员工在从事预防及防治工作的情形下感染新型冠状病毒肺炎的，不应认定为工伤。其次，根据劳动法的规定，企业应该为劳动者提供必要的劳动安全卫生条件和必要的劳动防护用品，如果企业未能提供导致员工在工作期间被感染的，企业可能面临民事、行政甚至刑事责任。

（三）刑事合规计划制定要点

企业应当从以下方面制定合规计划，防控刑事风险：

（1）用人单位应该及时与劳动者签订劳动合同，明确双方权利义务关系，规范劳动纪律。

（2）用人单位应该积极制定各项劳动规章制度，完善相应管理，为管理员工提供完备有效的根据。

（3）及时发放劳动者工资，对于存在加班的劳动者要足额支付其加班工资，同时建立工资发放档案，保存至少两年以上备查。

（4）不得扣押劳动者身份证等证件。

（5）不得招聘未满十六周岁的未成年人参加劳动。

（6）对于妇女及未成年职工应按照劳动法的要求提供特殊保护。

（7）不得以暴力、威胁等手段强迫劳动者提供劳动。

（8）及时为员工缴纳社保，必要时应该为相关员工购买商业保险以避免高风险作业所可能引发的民事责任。

（9）在疫情期间开展生产活动的，要尽量为劳动者提供更好的安全生产条件及防护用品，保障其身体健康。

（10）在生产过程中，有安全事故或疫情传播情形的，要第一时间上报有关部门进行处理。

（11）积极配合有关部门的防疫工作，接受劳动监管部门的监督。

（本章撰写人：尹纪为、鲁珺江）

第五章

交易行为的刑事合规

一、普通交易行为的刑事合规

交易行为是产品市场流通和社会经济活动的重要环节，是商品价值和使用价值集中体现的过程。这个过程是产生违法犯罪行为的高发地带，也是刑法、其他法律法规以及规章所重点关注、重点规制的领域。在交易行为领域所涉及的高发和常见罪名，除了前文所述的生产、销售伪劣产品类犯罪之外，诈骗罪、非法经营罪等也以其高发案率以及具备严重的社会危害性等特点，在交易行为领域具有相当的代表性。

（一）刑事合规点评

销售宣传需谨慎　违法红线不能碰
——某公司涉嫌伪造印章案

甲公司系一家房屋中介代理机构，王某系甲公司大股东兼财务总监，在经营期间，甲公司与某房地产开发商乙公司签订了委托销售代理合同，合同约定甲公司可依据乙公司授权以乙公司名义对外销售其所开发房产，乙公司在收到购房者所支付的购房款后按照合同约定向甲公司支付报酬，但合同并未授权甲公司作为销售代理方可以代表乙公司收取购房人房款的权力。合作期间，因乙公司未严格按照合同约定足额向甲公司支付销售代理报酬，故王某作为甲公司大股东、高管，私自伪造了乙公司公章，并指示其工作人员在后续房屋代销过程中超越乙公司所授权权限，直接以甲公司名义收取了购房人所支付的购房首付款，同时为了骗取购房人的信任，王某还指令其工作人员使用其所伪造的乙公司印章与购房人草签了购房合同，并将以此方式所收取的部分购房款项予以留置冲抵乙公司应向甲公司支付而未予支付的报酬。后甲公司伪造乙公司印章与购房人签订购房合同的行为被乙公司知悉，乙公司随即向公安机关报案。判决结果：一审法院认为，被告人王某犯伪造公司印章罪成立。

点评：公司印章受法律保护　任何情况均不得私刻

①印章在我国的应用已有几千年的文化渊源，是文件真实性和有效性的凭证，犯罪分子在制作假文件实施犯罪活动的时候，往往需制作假印章印文以证明文件的合法有效。其中甚至有涉案金额千万元以上的诈骗案发生。

②伪造印章的行为之后必然存在违规用印、虚假用印，而产生的必然是对于所签署和用印文件的错误认识和错误承诺，轻则导致合同履行过程中发生认识分歧，重则甚至构成以虚假用印为手段所构成的诸如诈骗等严重刑事犯罪，不论伪造目的为何，任何人实施该违法行为都将可能因此承担民事责任甚至面临刑事追诉。

例如本案中，王某作为甲公司股东、高管，虽系为了主张其公司的合法利益，但其通过伪造乙公司公章、合同以及超越乙公司授权私自收取购房款的行为不仅侵害乙公司与购房人双方的合法权益，更扰乱了社会正常秩序，其行为已经触犯了我国刑法第280条第二款之规定，依法构成伪造公司印章罪。

③通常伪造印章系用于实施某项欺骗行为，故以此方式实现对财物的非法

占有甚至可能成立诈骗罪。本案中，王某以及甲公司的行为实际上已是虚构事实、隐瞒真相从而骗取购房者房款的行为，只是考虑到其目的并不在于将购房款予以非法占有而是以此方式保障自身利益，故才不构成诈骗罪，但即便如此，其伪造印章行为仍应受到法律惩处，且不排除还将承担因其行为导致购房人错误支付所产生的相关民事侵权责任。

由此可见，企业在经营过程中，一方面要强化企业内部对于印章制作和管理规范，最大程度上避免因自身印章管理不规范所造成的法律风险；另一方面不论在任何情况下、基于任何原因都要杜绝一切文书印鉴的伪造，任何合法利益的维护都不能通过违法形式去实现。加强印章管理以及强调合规用印观念是目前各个企业都亟待加强的一个基本法律观念。

（点评人：郭啸海、赵潇巍）

专卖需审批，取巧不可行
——某会所涉嫌非法经营雪茄案

曹某系某商贸有限公司股东、法定代表人，其以该商贸公司为名经营一家会所，名义上该会所只是向其会员提供休憩服务以及销售如雪茄盒、雪茄剪、保湿盒等雪茄周边用品，但在会所内却设置有大量用于长时间存放雪茄的雪茄柜，并声称系供其会员存放雪茄所用。

2016 年至 2018 年，海关部门发现陆续有未缴税雪茄烟入关，且发往地址与该商贸公司所经营会所地址一致，基于该线索，当地烟草专卖管理局决定就该会所涉嫌存储走私烟草制品展开调查，并在会所现场查获大量库存外国品牌雪茄，计 50 余个品种共 4000 余只雪茄及辅料，并自会所财务人员张某某处查获该商贸公司销售走私雪茄账目以及从会所库管兼销售人员王某处查获走私雪茄销售记录。

账目以及销售记录显示，自 2015 年起至 2018 年 4 月，该公司销售走私雪茄收入 500 余万元。烟草专卖局认为该商贸公司所经营的会所在不具有烟草专卖许可的情况下销售大量走私且未经烟草专卖部门批准的雪茄烟，其行为已涉嫌非法经营罪，遂将该案移交至公安机关予以立案追诉。

判决结果：因查明该商贸公司在2015年至2017年具有烟草专卖许可，故未将其许可期间所销售数额计入非法经营数额，最终以该商贸公司非法经营数额四十余万元对该商贸公司判处罚金八十万元；对该商贸公司主管责任人曹某判处有期徒刑五年六个月，并处罚金十万元；对该商贸公司工作人员张某某、王某作为从犯分别判处有期徒刑三年缓刑四年，并处罚金二万元。

点评：有些东西不是想买就能买、想卖就能卖

①刑法第225条所规定的非法经营罪，是指未经许可经营专营、专卖物品或其他限制买卖的物品，买卖进出口许可证、进出口原产地证明以及其他法律、行政法规规定的经营许可证或者批准文件，未经国家有关主管部门批准，非法经营证券、期货或者保险业务的，或者非法从事资金支付结算业务的，以及从事其他非法经营活动，扰乱市场秩序，情节严重的行为。

②非法经营罪的成立是以“违反国家规定”为前提，既包括国家法律，也包括国务院所制定的行政法规、行政措施以及所发布的决定和命令，商贸公司及其负责人曹某明知其所销售的雪茄烟系国家相关法律法规所明确的专卖品，需以获取行政机关所发放的专卖许可证为销售前提，且所销售雪茄烟产品更需在国家所明确允许进口的烟草制品范围内，但其仍然巧立名目，以会员制来限制受众群体从而尽可能免遭他人举报；以保管为名来实现对雪茄烟的大量储藏；以销售周边产品来掩盖其违法销售烟草专卖品从而加大行政机关的调查难度。其上述非法经营行为侵害了国家正常市场秩序以及专卖物品经营许可制度，还容易滋生诸如走私、偷逃漏税等多种违法犯罪。

③在交易领域中，不论是作为买方抑或是卖方都需以合法合规为前提，严格遵照相关法律法规之规定来从事交易行为，毕竟许多东西不是你想买就能买、想卖就能卖，否则被罚没的不仅是金钱，很可能还有人身自由。

（点评人：郭啸海）

疫情防控大如天 哄抬物价不可为

——谭某某涉嫌非法经营案[①]

2020年1月新型冠状病毒肺炎在全国范围内肆虐期间，广东省廉江市公安机关接到线索：有人举报该市某公司于新型冠状病毒肺炎暴发期间，将平时价格为50元一盒的一次性医疗口罩，价格涨至600元一盒，与原来相比上涨十一倍。该市公安机关高度重视，立刻启动调查，并将该案犯罪嫌疑人谭某某抓获。同时，廉江市人民检察院对此案也提前介入，从犯罪构成要件和固定证据等方面提出侦查意见，引导侦查取证，并依法履行法律监督职责。2月5日，廉江市公安局将谭某某涉嫌非法经营一案提请批准逮捕。经审查，谭某某违反国家在预防、控制突发传染病疫情等灾害期间有关市场经营、价格管理等规定，哄抬物价、牟取暴利，严重扰乱市场秩序，情节严重（销售金额为人民币6.53万元），涉嫌非法经营罪犯罪。2月6日，廉江市人民检察院对犯罪嫌疑人谭某某作出批准逮捕决定。

点评：突破法律底线，哄抬物价必遭严惩

①非法经营罪是破坏社会主义市场经济秩序犯罪中常见和多发罪名，也属于一个兜底性罪名。该罪名在刑法和司法解释中，除了以列举的方式明确了“未经行政许可或特许而经营特殊产品”“非法从事证券业务、外汇结算等金融业务”“非法从事出版物经营业务”等行为构成非法经营罪之外，在最后一项也明确了“从事其他非法经营活动、扰乱市场秩序”的行为，情节严重的也构成非法经营罪。这就属于在立法技术上的一个兜底性条款。在市场交易过程中可能产生的具有严重社会危害性的行为多种多样，社会关系产生和变化层出不穷，应对这些新型犯罪或者贯彻特殊时期刑事政策的需要，更多地有赖于这种兜底性罪名的适用。

②根据刑法和相关司法解释规定，从事其他非法经营活动，扰乱市场秩

① 该案例来源于最高人民检察院2020年2月11日对外发布的首批10个妨害新冠肺炎疫情防控犯罪典型案例。

序的，个人经营金额达五万元以上或者营利达十万元以上、单位经营金额达五十万元以上或营利达十万元以上的，均构成犯罪。在本案中，行为人销售金额六万余元，超过五万元的入罪标准，毫无疑问地将会被追究刑事责任。

③在冠状病毒肺炎暴发期间，国家调配了全部社会资源，把疫情防控作为国家当前首要任务来完成。一切危害疫情防控的违法行为都将被纳入严厉打击的范围。在此背景下，囤积防疫救灾物资、哄抬物价，一方面会对疫情防疫工作造成重大影响，另一方面会给整个社会带来严重的恐慌心理，破坏抗击疫情的良好社会环境。类似犯罪行为如果不能及时制止打击，将会造成抗疫物资严重短缺，人民群众抢购、囤积救灾物资等结果，后果不堪设想。在此环境下，全国司法机关审时度势，严厉出手，及时地明确了几种妨害疫情防治的典型行为的司法适用标准，明确在此期间哄抬物价的行为以非法经营罪从重处罚，有效地以司法手段维护社会环境的稳定，为成功抗击疫情奠定了坚实的基础。

④既然将“哄抬物价”行为归纳为以非法经营罪予以打击的犯罪行为，那么如何界定哄抬物价的行为呢？哄抬物价行为不仅包含公众简单认知的“涨价”还包含了捏造、散布涨价信息、非法囤积、强行搭售其他商品等变相哄抬物价行为。简而言之，所谓“哄抬物价”，直接涨价或强行搭售是为“抬”、捏造散布不实信息为涨价制造不安和恐慌的环境氛围是为“哄”。无论是“哄”还是“抬”，此次疫情期间，国家市场监管部门先后数次发文予以明确，为下游的司法机关认定犯罪行为提供非常明确的规则支撑。国家市场监管总局发布的《关于新型冠状病毒感染肺炎疫情防控期间查处哄抬价格违法行为的指导意见》中，就对哄抬物价的行为进行了非常详尽的界定和解读。定价在什么标准构成“抬”呢？上述规定中明确：销售防疫物资，价格超过2020年1月19日最后一次交易进销差率的，就构成不法高价。尚未销售或者无法查实1月19日最后一次交易价格的，则以“在购入成本基础上大幅提高价格”为认定标准。这个“大幅”如何把握，全国没有统一规定。在认定这个幅度过程中一方面坚持对违法和恶意哄抬物价行为的打击，另一方面也要客观公正地对待正常的市场交易行为。

（点评人：赵潇巍）

（二）刑事合规指引

问：交易环节可能涉及到的常见罪名有哪些？

答：交易环节可能涉及到的罪名非常多，包括销售伪劣产品类犯罪；诈骗罪；串通投标罪；合同诈骗罪；组织领导传销活动罪；非法经营罪；强迫交易罪；非法转让、倒卖土地使用权罪；逃避商检罪；伪造公司印章罪等。

问：企业在经营交易中怎样才能做好刑事法律风险防范？

答：在质量标准、安全生产、卫生以及环保等方面，国家对各行各业都有详细明确的要求。如果企业行为不符合这些要求，情节严重或者造成严重后果的，企业经营者就存在刑事法律风险。尤其是在当下疫情期间这个特殊敏感时期，国家的立法对企业的生产销售质量也提出了更高的要求。总而言之，在市场经营交易行为的各个领域和环节，市场经营主体应当严格遵守相关领域的各项国家法律法规和行业规范，这样才能最大程度上避免刑事风险的产生。

问：非法经营罪的主要表现形式和特点是什么？

答：非法经营罪行为的核心表现形式紧扣“经营”这一环节，在市场交易活动中针对各种各样的违法且具有严重社会危害性的行为有着兜底的处罚作用。但是，理论界通常认为，非法经营罪应限缩在“特许经营”的领域，也就是说，如果本身不是国家特许经营的领域，不应当随意适用非法经营罪。在法律条文中，非法经营罪的表现形式主要有：

①销售限制买卖或者专卖物品，但是没有获得经营许可的，是非法经营。

②违法买卖各种许可证或者行政批文的是非法经营。

③未经批准从事期货、证券、保险等金融业务的，是非法经营等。

问：刑法对非法经营罪的追诉标准？

答：非法经营罪的构成形式非常宽泛。国家通过法律规定的方式，分别对非法从事电信行业经营行为，非法从事出版行业经营行为和非法从事外汇、现金结算等行为的入罪标准予以明确。但是，除了这些具体的行为特征之外，实施其他的非法经营行为，达到什么标准就形成了现实的刑事法律风险呢？可以做如下总结和归纳：

①个人非法经营的，营业额在五万元以上，或者营利金额在一万元以上的。

②单位非法经营的，营业额在五十万元以上，或者营利金额在十万元以上的。

上述情形都有可能以犯罪论处。

问：刑法中非法经营罪的量刑标准？

答：非法经营的起步刑罚是五年以下有期徒刑或者拘役，并处或者单处违法所得一倍以上五倍以下罚金；如果有特别严重的情节，将会被判处五年以上有期徒刑，同时处以违法所得一倍以上五倍以下罚金或者没收财产；如果是单位犯罪的，对单位判处罚金，同时对其直接责任人员，也依照上述规定处罚。

问：法律法规对于企业印章的管理主要体现在哪些方面？

答：公司印章是法人以书面方式做有效意思表示的法定凭证，具备完全的公示公信力。因此，公司印章的制作、使用和管理，被国家法律严格规制。针对印章的制作和使用，公安机关专门制定印章管理办法，明确印章刻制程序、规格、样式等，并且明确规定制作印章的单位，应当经过上级主管部门出具证明、向相应公安机关提出申请并获得审批、在公安机关指定办理印章业务的单位制作印章等程序，并且要求企业印章专人管理，制定严格的用印流程。换而言之，未经过上述程序制作和使用的印章均属于伪造印章和违规用印。

问：违规用印所带来的法律风险会体现于哪些方面？

答：印章的伪造和违规使用，不仅对行为人是一种恶劣的违法犯罪行为，对于印章所属企业也会带来严重的法律风险。依法成立的法人或其他组织均有登记备案的公章，经登记备案的公章对外具有公示效力。所以，通常情况下，法人或者其他组织在对外签订合同时，采用盖章的形式。伪造印章的使用或违规用印，并不必然代表着用印文书的完全无效，而有可能造成“表见代理”等法律情形而导致企业继续依照违法用印所产生的法律关系履行义务，这往往会给该企业带来不可估量的经济损失和法律风险，而这种民事法律关系所造成的损失远远不是追究相关人员刑事责任可以弥补的。

问：假冒使用他人私人印章的行为应当如何看待？

答：企业在交易过程中，还存在大量的相关人员以“私章”代替“公章”的违规用印情形。众所周知，自然人的私章是不需要登记备案的，对外更不必然具备公示效力，如果使用私章一方否认该私章为其所有或者其所使用时，另一方就有责任证明这个用印行为是对方以其所有的私章直接实施或委托他人实施的。一旦无法证明，则交易相对方必定会产生严重的法律风险和经济损失。

总而言之，违规或者假冒使用私章，如果造成的经济损失和社会影响严重恶劣，则对行为人来说可能构成诈骗罪，对于私章名义持有人也可能造成相应民事责任的承担。

（三）刑事合规计划制定要点

企业应当从以下方面制定合规计划，防控刑事风险：

（1）在企业产品销售和服务提供过程中，尤其是在涉及国计民生以及社会性突发事件处置的重点领域，坚决地杜绝任何形式的与事实不符的虚假成分的存在。这种所谓虚假，一方面体现为提供的产品和服务的基本事实不存在的情形，即诈骗行为或者其他涉嫌诈骗的相关罪名的存在，另一方面体现为提供的商品或者服务存在以次充好、以假充真的情形，即销售和提供与自身宣传标准或者国家强制性规定标准不符的相关产品。

（2）企业在产品销售、物资提供过程中，严格明确和遵守所在地政府机关、市场监督管理机关发布的相应规定，在产品销售方式、物资提供方式、产品价格、供应量保障等各个方面均做到严格的依法依规。在此次新冠肺炎疫情事件中，就具体反映为商家囤积居奇、哄抬物价等严重损害正常市场秩序、严重影响社会稳定的行为出现。

（3）作为上述商品的销售企业，应当从下列几个方面严格落实，最大程度上避免刑事法律风险的产生和发酵：

①厘清货源、做好自查自纠工作，保证销售物资不存在假、劣情形。

②明确成本、合理定价，严格遵守各地政府机关对于相关产品的价格管制规定，避免哄抬物价或者变相涨价的情况出现。

③维持正常的存储数量和存储周期，有序销售，尽最大努力满足

市场对于相关物资的需求。

④严格加强企业内部管理，尤其加强企业印章管理，按照法律规定严肃印章申请制作程序，强化企业内部用印流程管控。

交易环节是社会产品流通的重要环节，是产品使用价值和交换价值的体现，涉及表现形式多种多样。但是作为联系生产者和消费者的中间环节，参与销售环节的市场主体所秉持的价值取向是不一致的。这种必然的矛盾冲突，给纠纷产生创造了天然的温床。加之行政监管等第三方手段的介入，对于企业经营者的法律风险随之不断增加。

如何在保证经济利益最大化的同时，满足消费者对于产品使用价值的追求，符合第三方行政监管的各种标准，法律合规为企业经营者提供了非常明确的、具备可操作性的准则。强烈的法律合规意识，最大程度上尊重和遵守各项相关法律和行政规章规范，会给经营者带来相对明确的结果预期。依法守规，从日常经营做起，及时了解和掌握法律和政府部门行政规范、通知规定等对于企业产品销售领域的管理和规制，无论是在平时的经营活动中，还是在类似于此次重大突发公共事件过程中，企业经营者都可以最大程度上避免自身和企业的法律风险，将危机和风险消于始，防患于未然。

二、野生动物交易的刑事合规

自 1999 年至 2020 年，经过法院判决的非法收购、运输、出售珍贵、濒危野生动物，珍贵、濒危野生动物制品犯罪 4627 件，非法猎捕、杀害珍贵、濒危野生动物犯罪 1967 件。近三年来猎捕野生动物的犯罪增长迅速，2017 年 -2019 年非法猎捕、杀害珍贵、濒危野生动物罪的案件数分别为：2017 年 351 件、2018 年 372 件、2019 年 518 件；非法收购、运输、出售珍贵、濒危野生动物，珍贵、濒危野生动物制品罪的案件数分别为：2017 年 964 件、2018 年 876 件、2019 年 1162 件。[①]

（一）刑事合规点评

与大自然作对　也会有刑事风险
——某鱼头餐饮店、某酒店涉嫌非法经营罪案

西安市的罗某某系山龙酒店的仓管员，主要负责该酒店蛇类的收货、验货、签收及入库工作。2016 年 1 月至 2017 年 6 月期间，吴某某及某鱼头店、刘某某、罗某某及某龙酒店、龚某某及某市鱼头店分别从未办理任何行政许可的文某某、文某、冯某某、彭某某处大量收购野生蛇类制作口味蛇。据统计，以上人员先后交叉共收购买卖野生蛇类 3 万余斤，涉及金额 400 余万元。

案发后，民警从被告人文某某、彭某某、冯某某、被告单位某鱼头店、某市鱼头店分别搜查到蛇类若干。经鉴定，上述搜查到的蛇类均为国家三级保护野生动物。

最终，湖南省新化县人民法院作出判决，以非法经营罪分别判处三家酒店 140 万至 30 万不等的罚金。以非法经营罪，判处吴某某、刘某某等人有期徒刑及罚金。

点评：野生动物不可吃，青蛙和蛇都不行

并非只有猎捕重点保护及珍贵、濒危野生动物才构成刑事犯罪。根据野生动物保护法、刑法等相关法律法规的规定，猎捕有重要生态、科学、社会价值的陆生野生动物达到一定数量，也会构成刑事犯罪。

作为个人也应积极提高刑事合规风险意识，严格遵守国家的各项规定。本次新冠肺炎，经研究确定了该病毒的感染源头及中间宿主为野生动物。保护野生动物、禁止非法野生动物交易，是全国的重点工作之一，市场监管总局、农业农村部、国家林草局印发《关于禁止野生动物交易的公告》（2020 年第 4 号），

---

① 通过 alpha 案例库检索。

坚决取缔和严厉打击疫情期间野生动物违规交易行为，多部门联合开展打击野生动物违规交易专项执法行动。

疫情期间全国范围内全面禁止野生动物交易，2020 年 2 月 24 日，全国人民代表大会常务委员会正式通过《关于全面禁止非法野生动物交易、革除滥食野生动物陋习、切实保障人民群众生命健康安全的决定》，标志着对野生动物禁止食用和以食用为目的的捕猎、交易的再升级。疫情结束后，相关法律的修改已成定局。湖北省十堰市也曾在 2016 年 1 月就进一步加强野生动物保护发布通告。但在疫情防控期间，位于疫情重灾区的湖北十堰市的刘某某、李某某仍不顾国家及地方的规定，在禁猎期内非法猎捕野生动物，涉嫌刑事犯罪。故在此期间，普通民众也要提高自己的刑事合规风险意识。

经营利用、使用人工繁育种群的“野生动物及其制品”也属于法律法规所规定的“经营利用、使用野生动物及其制品”的范畴，可能构成刑事犯罪。

人工繁育种群的野生动物及其制品，虽经人工繁育，但未发生遗传变异，不仅对生态环境有重要作用，而且具有重要的经济价值，可以作为食物、皮毛、药物或者观赏等经济实体进入流通领域。从经营利用、使用野生动物及其制品的角度而言，上述国家规定明确了人工繁育种群的“野生动物”及其制品系相关国家法律、行政法规规定范畴的野生动物及其制品，而且提倡作为野生动物及其制品的主要来源，这也与我国现阶段野生动物的社会价值、生态环境、市场需要等相适应。

但为了野生动物资源永续利用、维护市场经营秩序，预防、控制野生动物可能造成的危害，根据野生动物保护法规定，人工繁育国家重点保护野生动物的，应当经省级政府野生动物保护主管部门批准，取得人工繁育许可证。此外，生产、经营使用国家重点保护野生动物及其制品或者没有合法来源证明的非国家重点保护野生动物及其制品制作食品，或者为食用非法购买国家重点保护的野生动物及其制品的，需要承担行政、刑事法律责任。

（点评人：卢旭华）

野生动物要保护　兴趣爱好需谨慎
——李某涉嫌非法收购、出售珍贵、濒危野生动物，珍贵、濒危野生动物制品案

李某于2012年开始接触爬行动物，后在饲养爬行动物的过程之中逐渐对爬行动物产生了浓厚的兴趣。经朋友推荐，2014年左右李某开始在“爬行天下”论坛，与网友谈及爬行动物饲养经验等相关事宜。时间一长，李某在论坛已小有名气，多次有网友主动联系李某，意图向其购买爬行动物。李某考虑到已在购买、饲养爬行动物的过程中花费了不少钱，再加上家庭条件并非十分富裕，因而产生以玩养玩的念头。

自2018年起，李某开始倒卖自身饲养以及从他人处购买的爬行动物，包括红尾蚺、球蟒、双腿陆龟等珍贵、濒危野生动物。2019年6月，李某被公安机关刑事拘留，经鉴定，红尾蚺、球蟒、双腿陆龟属于国家二级保护动物。2020年2月，公诉机关以李某涉嫌非法收购、出售珍贵、濒危野生动物，珍贵、濒危野生动物制品罪提起公诉，此案目前正在审理中。

点评：在家养野生动物　需先办理批准手续

现在，喜欢饲养野生动物的爱好者越来越多，但是一定要注意不要违反国家的法律法规。非食用目的的饲养、展示珍贵、濒危野生动物应当取得《野生动物驯养繁殖许可证》《野生动物生产经营许可证》，《关于全面禁止非法野生动物交易、革除滥食野生动物陋习、切实保障人民群众生命健康安全的决定》中也对非食用目的的科研、药用、展示的特殊情况的利用进一步明确“应当按照国家有关规定实行严格审批和检疫检验”，否则，饲养人将会面临法律处罚。

此外，非法收购、出售国家重点保护的珍贵、濒危野生动物，无论数量多少，都应当追究刑事责任，予以刑事处罚。数量、价值、非法获利数额都仅系量刑依据。

（点评人：虞杨）

（二）刑事合规指引

问：关于野生动物的犯罪刑法上有哪些罪名？

答：主要包括：非法猎捕、杀害珍贵、濒危野生动物罪；非法收购、运输、出售珍贵、濒危野生动物，珍贵、濒危野生动物制品罪；非法狩猎罪；走私珍贵动物、珍贵动物制品罪；掩饰、隐瞒犯罪所得罪；非法经营罪等。

问：市场主体应当注意什么？

答：市场监督管理部门明确，除捕捞水产品外，严禁农（集）贸市场、超市、餐饮单位、电商平台等经营场所开展任何形式的野生动物交易活动，对相关经营者一律停业整顿，经营场所一律查封。违法从事出售、购买、利用、运输、携带、寄递野生动物及制品等交易活动的，将依据野生动物保护法、动物防疫法等法律法规从重予以处罚。涉嫌犯罪的，移送公安机关。

问：刑法规定的“珍贵、濒危野生动物”是什么？

答：包括列入《国家重点保护野生动物名录》的国家一级二级保护野生动物、列入《濒危野生动植物种国际贸易公约》附录一附录二的野生动物以及驯养繁殖的上述物种。

问：刑法规定的非法收购、运输、出售珍贵、濒危野生动物制品哪些情形会构成犯罪？

答：只要从事非法收购、运输、出售珍贵、濒危野生动物制品就构成犯罪，情节严重主要有两种情形：

（1）价值在十万元以上的。

（2）非法获利五万元以上的。

问：刑法规定的收购是什么意思？

答：“收购”包括以营利、自用等为目的的购买行为。

问：刑法规定的运输是什么意思？

答：“运输”，包括采用携带、邮寄、利用他人、使用交通工具等方法进行运送的行为。

问：刑法规定的出售是什么意思？

答：“出售”，包括出卖和以营利为目的的加工利用行为。

问：非法狩猎什么情况下构成犯罪？

答：在禁猎区、禁猎期或者使用禁用的工具、方法进行狩猎，破坏野生动物资源或者非法狩猎野生动物二十只以上。

（三）刑事合规计划制定要点

企业应当从以下方面制定合规计划，防控刑事风险：

（1）从事野生动物养殖行业，要严格核查企业的养殖许可证等相关许可证件是否齐全、过期，证件上的许可养殖种类与实际养殖种类是否一致等。要严格遵守国家及地方的封控隔离措施、隔离期限和工作责任，要对企业现有的野生动物实时监测并报告相关部门。

（2）为防控新冠肺炎的需要，国家市场监督管理总局已经下发通知明确，除捕捞水产品外，禁止开展任何形式的野生动物交易活动。而且，随着对野生动物保护的呼声越来越高，该规定可能在长期内发挥作用。因此，从事农（集）贸市场、超市、餐饮单位、电商平台等经营场所的企业，在管理规则中应当严格禁止野生动物交易，严守刑事合规红线，要对产品的来源进行严格把关，切不可为了利益放松审查。要加强对入驻商家、食材供应链条的资质、物品的审核，对产品是否属于国家重点保护动物及“三有动物”（即有重要生态、科学、社会价值的陆生野生动物）无法确定的，要委托专业鉴定机构进行鉴定和评估。

（3）上述企业应当重点关注出售、购买、利用、运输、携带、寄递环节，在这些环节上制定机制重点把控，严格禁止野生动物及制品等交易活动。

（4）为防止被行政机关发现后采取“一律停业整顿，一律查封”的措施，上述企业应当建立举报制度，对外公布举报电话，奖励举报人，及时发现违法行为，保留违法证据，送交行政机关、公安机关处理。

（5）从事宠物相关行业的企业，要对企业内的宠物进行详细鉴别、检查、检疫，对宠物的来源进行严格把控，对出售和寄养的宠物中根据监管部门要求要有相关许可证的，要对证件信息进行检查登记。

（6）从事药品行业的企业，对利用野生动物原料入药的相关药品要确保原材料的合法来源及安全性，经销企业要对上游制药企业的该种药品是否办理相关审批手续、是否取得专用标识等进行核查。

（7）企业应加强培训与学习，确保每个员工、租赁商户知道上述规定。

（8）企业应当制定应急疫情处理方案，一旦遇到被查封、停业整顿后，企业对外由哪些人、哪些流程负责衔接市场监管部门、公安部门、舆情部门，对内由哪些人、哪些流程处理员工管理、与租赁商户的合同延续等，尽可能降低在面对调查时可能造成的经营损失。

（本章撰写人：赵潇巍、卢旭华、彭佩）

第六章

缴税行为的刑事合规

税收乃国之根本，依法严厉打击涉税犯罪，是维护国家长治久安的必要手段。据公安部和国家税务总局统计，自2018年以来，全国公安机关共立涉税犯罪案件2.28万起，涉案金额5619.8亿元；税务部门共计查处虚开企业11.54万户，认定虚开发票639.33万份，涉及税额1129.85亿元；查处“假出口”企业2028户，挽回税款损失140.83亿元。[①] 通过以上数据，可以看到我国对于涉税犯罪的打击力度。

疫情期间，财政部、税务总局联合发布了《关于支持新型冠状病毒感染的肺炎疫情防控有关税收政策的公告》（国家税务总局公告2020年第4号），对涉及相关行业的个人、企业税收进行了减免，作为企业，越是在这种非常时期越应该做好税务合规，依法合规纳税。

① 中国警察 https://baijiahao.baidu.com/s?id=1640633854311602862&wfr=spider&for=pc，最后访问日期2020年2月23日。

一、刑事合规点评

虚开发票事不小　惹上刑事麻烦大
——郑某、陆某涉嫌虚开增值税专用发票案

被告人郑某在某市注册某医疗器械有限公司，并申请登记成为增值税一般纳税人。2016 年 5 月份，郑某通过微信结识陆某，并从陆某处学到如何虚开增值税专用发票获利。此后，郑某便开始以自己公司名义向其他企业大量虚开增值税专用发票，从中收取开票金额 8%-10% 不等手续费牟利。

郑某又先后用他人身份证填报法定代表人信息，先后成立了 4 家医疗器械有限责任公司，以这 4 家公司名义向其他企业虚开增值税专用发票。上述 4 家公司注册成立之后，均已申请登记成为增值税一般纳税人，并申领了增值税专用发票，虚开增值税专用发票给多家企业共计 300 余份，金额 3473.6 万余元，税额 590.5 万余元。受票企业已将上述发票中的 379 份向税务机关申报抵扣，税额 571.8 万余元。其中，经税务机关审核，196 份发票作进项转出，税额 302 万余元。共计造成税款实际损失 269.7 万余元。

郑某虚开过程中，被告人邹某参与介绍部分企业向郑某公司虚开增值税专用发票 50 余份，税额 55 余万元，邹某获利 8 万余元。

经过庭审，一审法院判决被告人郑某犯虚开增值税专用发票罪，判处有期徒刑十一年，并处没收个人财产五十万元；被告人邹某犯虚开增值税专用发票罪，判处有期徒刑两年六个月缓刑三年，并处罚金十万元。

点评：违反发票管理办法，税务和公安都会管

①企业开具发票应当与实际经营业务情况相符。发票管理办法第 22 条规定：开具发票应当按照规定的时限、顺序、栏目，全部联次一次性如实开具，并加盖发票专用章。任何人不得为他人、为自己开具与实际经营业务情况不符的发票；不得让他人为自己开具与实际经营业务情况不符的发票；介绍他人开具与实际经营业务情况不符的发票。

②虚开增值税专用发票特指四种行为，包括：为他人虚开、为自己虚开、让他人为自己虚开、介绍他人虚开增值税专用发票。

③虚开增值税发票受到税务机关和公安机关双重管辖。发票管理办法第37条规定：虚开发票的，由税务机关没收违法所得；虚开金额在一万元以下的，可以并处五万元以下罚款；虚开金额超过一万元的，并处五万元以上五十万元以下的罚款；构成犯罪的，依法追究刑事责任。《最高人民检察院、公安部关于公安机关管辖的刑事案件立案追诉标准的规定（二）》第61条规定，虚开的税款数额在一万元以上或者致使国家税款被骗取数额在五千元以上的应予立案追诉。

④以“骗税”为目的，虚开的发票已经做了增值税抵扣的将受到刑事追究，但如果没有以骗税为的，所虚开的增值税专用发票已经做了进项转出的，不一定会被认定为犯罪，但是仍将受到税务机关处罚。

⑤并非所有用单位名义实施的犯罪都可以认定单位犯罪，根据最高人民法院《关于审理单位犯罪案件具体应用法律有关问题的解释》（法释〔1999〕14号）：个人为进行违法犯罪活动而设立的公司、企业、事业单位实施犯罪的，或者公司、企业、事业单位设立后，以实施犯罪为主要活动的，不以单位犯罪论处；盗用单位名义实施犯罪，违法所得由实施犯罪的个人私分的，依照刑法有关自然人犯罪的规定定罪处罚。在这个案件中，一审检察机关并没有认定郑某设立的4家公司构成单位犯罪，而是直接起诉了自然人。

⑥假设本案构成单位犯罪，郑某也应追究刑事责任。根据最高人民法院《全国法院审理金融犯罪案件工作座谈会纪要》（法〔2001〕8号），对于应当认定为单位犯罪的案件，检察机关只作为自然人犯罪案件起诉的，人民法院应及时与检察机关协商，建议检察机关对犯罪单位补充起诉。如检察机关不补充起诉的，人民法院仍应依法审理，对被起诉的自然人根据指控的犯罪事实、证据及庭审查明的事实，依法按单位犯罪中的直接负责的主管人员或者其他直接责任人员追究刑事责任，并应引用刑罚分则关于单位犯罪追究直接负责的主管人员和其他直接责任人员刑事责任的有关条款。

本案中，郑某、邹某违反国家税收征管和发票管理规定，以自己注册的公司名义向其他企业虚开增值税专用发票，税额达300余万元，属于刑法规定的“数额巨大”范畴。

邹某介绍郑某为他人虚开增值税专用发票，税额达50余万元，属于刑法规定的“数额较大”范畴，二人均被追究刑事责任。

本案向所有企业和个人敲响了警钟：虚开增值税专用发票看似获利容易，实则包含巨大的刑事风险。只有保证自身合法合规，不涉刑事犯罪风险，才能合法获取财富、享受财富。

（点评人：潘燕、吴英）

行政处罚不执行　涉嫌犯罪悔当初

——武汉某公司、韩某涉嫌逃税案

2008年1月，被告单位武汉某公司注册成立，被告人韩某为该公司实际控制人。2014年，韩某扣除员工赵某、张某10%工资共计31万元作为税款由公司规划代为缴纳。代扣该笔税款31万元后，被告单位武汉某公司未进行申报缴纳。

2017年，税务机关对被告单位武汉某公司逃税行为进行查处，并下达了税务处理决定、行政处罚决定。但被告单位武汉某公司仍不缴纳应缴纳税款，也没有执行行政处罚决定。公安机关立案后，韩某于2019年7月15日向公安机关投案。案发后，被告单位武汉某公司补缴了上述税款，并缴纳了相应罚款。

公诉机关认为，被告单位武汉某公司作为扣缴义务人，不依法申报缴纳，数额较大，已涉嫌逃税罪。韩某作为该公司实际控制人，属于直接负责的主管人员范畴，也应当以逃税罪追究刑事责任。

经过庭审，法院判决被告单位武汉某公司犯逃税罪，判处罚金二十万元；被告人韩某犯逃税罪，判处有期徒刑六个月，缓刑一年，并处罚金三万元。

点评：行政处罚应重视　迟迟不改会犯罪

根据我国刑法第201条第二款规定：纳税人虚报或者不报相应税款，符合逃税罪入罪标准的，在收到税务机关下达的追缴通知后，及时补缴应纳税款，缴纳滞纳金，并且已受罚款等行政处罚的，不予追究刑事责任。

本案中，韩某作为被告单位武汉某公司的实际控制人，通过代扣员工个人所得税款不依法申报的方式逃避缴纳税款，数额较大，在受到行政处罚之后，公司没有按时缴纳税款、接受行政处罚，本案由行政处罚升格为刑事犯罪。刑事立案后，被告单位及被告人才补缴了税款和罚款，但只能作为量刑情节进行考虑。对企业经营者来说，莫存侥幸心理，在刑事立案前及时补缴税款、接受行政处罚，将涉税风险停留在行政处罚阶段解决，才是对逃税、漏税最好的补救措施。

（点评人：鲁珺江）

二、刑事合规指引

问：什么是“税务合规风险”？

答：是指企业及其员工因税务不合规行为，引发法律责任，受到相关处罚，造成经济、声誉损失以及其他负面影响的可能性。

问：怎么建立合规管理体系？

答：从六个方面予以关注。一是企业领导、部门、业务执行层要明确自身对税务制度的遵守和监督职责；二是确定企业缴税合规义务，制定员工手册；三是评估缴税行为的合规风险；四是完善企业缴税的业务制度；五是制定企业内部调查措施；六是对违规人员及时问责改进。这六个要素之间环环相扣、互相影响。

问：常见的涉税犯罪有哪些？

答：①逃税罪；②逃避追缴欠税罪；③骗取出口退税罪；④虚开增值税专用发票、用于骗取出口退税、抵扣税款发票罪；⑤非法出售增值税专用发票罪。

问：什么是刑法上的逃税？

答：对于纳税人而言，虚报或者不报纳税资料，逃缴税款数额五万元以上，并且占应纳税额百分之十以上的，属于刑法规定的“数额较大”，可能构成逃税罪；对于扣缴义务人而言，不缴或者少缴已扣已收税款，数额在五万元以上构成逃税罪。

问：逃税罪会判多少年？

答：对于纳税人而言，逃税数额较大的，处三年以下有期徒刑或者拘役，并处罚金；数额巨大并且占应纳税额百分之三十以上的，处三年以上七年以下有期徒刑，并处罚金。对于扣缴义务人而言，只要逃税数额超过五万就依照前款规定处罚。

问：逃税后及时补缴、接受处罚可以减轻刑事责任吗？

答：只要五年内没有因逃税受过刑事处罚或者两次以上逃税行政处罚，及时补缴欠税、缴纳滞纳金并且接受税务机关行政处罚就不追究刑事责任。

问：什么是出口退税？

答：出口退税，是我国为了提高某些出口商品的竞争力，将其在国内已征的增值税、消费税进行退还的税收政策措施。

问：骗取出口退税什么情况下构成犯罪？

答：骗取出口退税数额五万元以上属于数额较大，就会构成犯罪。

问：什么是虚开增值税专用发票？

答：没有买卖、劳务等商业行为而为他人或自已、让他人为自己以及介绍他人开具增值税专用发票，或者即使有商业行为，但为他人或自己、让他人为自己以及介绍他人开具数量或者金额不实的增值税专用发票，或者进行了实际经营活动，但让他人为自己代开的行为。

问：虚开增值税专用发票数额多少入罪？

答：虚开的税款数额在一万元以上或者致使国家税款被骗数额在五千元以上的，应予追诉。

问：什么情况下伪造、出售伪造的增值税专用发票构成犯罪？

答：根据规定，伪造或者出售伪造的增值税专用发票二十五份以上或者票面额累计在十万元以上的，应予追诉。

问：出售多少增值税专用发票构成犯罪？

答：出售增值税专用发票二十五份以上或者票面额累计在十万元以上的就构成犯罪。

三、刑事合规计划制定要点

当前我国正处在防控新冠肺炎的关键时期，全国企业为控制病毒发展作出了巨大牺牲，为此国家专门发布减免税收政策减轻企业压力。作为企业而言，在抓住政策红利，为复工复产夯实基础、作好准备的同时，也要注意税务活动的合规事宜：

（1）准确把握减税、免税物资范围，做好企业精准定位。根据公告内容，疫情防控重点保障物资生产企业名单，由省级及以上发展改革部门、工业和信息化部门确定。例如，2020 年 2 月 6 日，云南省工信厅发布了第一批疫情防控物资重点保供企业名单，正式响应了公告要求。因此作为生产防控相关物资的企业，应当时刻关注相关部门发布的消息，明确自己是否属于重点保供企业，做好精准定位。

（2）按照规定及时办理退税手续。根据公告内容，疫情防控重点保障物资生产企业可以按月向主管税务机关申请全额退还增值税增量留抵税额。作为疫情防控重点保障物资生产企业，为“抗疫”出工出力的同时也不要忘记自身的合法权益，按时向税务机关进行申报。

（3）规避涉税犯罪，依法“抗疫救国”。受新冠病毒疫情影响，如何生存下去成为我国企业面临的首要难题。特殊时期，企业经营在把握税收政策红利的同时更应该在依法缴税纳税的前提下合法避税，要做到以下几点：

①按时缴纳税款。

②做好背景调查，关注合作对方经营情况。

③增值税专用发票开具与会计账簿记载、交易实质相互对应。

④与时俱进，掌握最新的税收政策。

⑤不定时自查，如若发现漏税及时补缴，在刑事立案之前解决欠税问题。

（4）面对困难时期进行良好有效税务筹划。所谓税务筹划，是指事前选择税收利益最大化的纳税方案处理自己的生产、经营和投资、理财活动的一种企业筹划行为。企业的根本目的是盈利，而如何合理合法避税成为降低成本、实现利益最大化的有效途径，因此做好税务筹划至关重要。

（5）构建刑事合规体制，从根本上杜绝刑事犯罪风险。构建刑事合规体制的根本目的在于提升经营管理水平，规避刑事犯罪风险，涉税犯罪自然也在刑事合规体制规制的范畴之内。

2020 年注定是不平凡的一年，对于企业而言也是困难的一年。作为企业更应当做好刑事合规，为复工复产夯实基础，为将要到来的挑战作好准备。

（本章撰写人：鲁珺江、吴英）

第七章

融资行为的刑事合规

融资是企业生存发展的前提和基础，也是企业极易触犯刑律的一个环节。当前，不少企业因违法融资遇到了停业、跑路和公安经侦介入调查等情况。

几乎每个民营企业都面临“融资难”的问题。企业经营过程中，资金链断裂会直接导致死亡。由于各种原因，银行不愿意贷款给民营企业，尤其是中小微企业，于是各种小贷公司、理财公司、P2P 融资平台、私募开始出现了。但短短几年的时间里，很多小贷公司、理财平台、P2P 平台、私募相继因涉及违反金融监管政策而被关停或被追究刑事责任。为了企业的生存和发展，民营企业家们在无法通过金融机构渠道融资的情况下，开始游走在法律的边缘，通过各种方式来融资，导致企业及个人在融资渠道方面存在很大的刑事风险。

最高人民检察院检察长张军在 2019 年 3 月 12 日第十三届全国人民代表大会第二次会议上的报告中指出，2018 年起诉非法吸收公众存款、集资诈骗、传销等涉众型经济犯罪26974人，同比上升10.9%。[①] 公安部经济犯罪侦查局局长高峰在2019年5月10日的公安部新闻发布会上通报称，2018年至2019年第一季度，全国公安机关共立非法集资、传销等涉众型经济犯罪案件近1.9万起，涉案金额4100亿元，涉案金额超过百亿元、涉及投资者超过百万人的“双百案件”屡有发生。一些新兴经济领域如网络借贷、投资理财、养老服务、消费返利、虚拟货币、金融互助等，已成为涉众型经济犯罪的“重灾区”。[②]

当前，在疫情肆虐的情形下，企业融资更加需要做好合规，确保贷款手续和资金使用方向的合法性，依法合规融资来打赢这场“战疫”。

一、刑事合规点评

经营不规范 “e租宝”爆了

——“e租宝”涉嫌集资诈骗罪、非法吸收公众存款案

安徽钰诚控股集团、钰诚国际控股集团有限公司于2014年6月至2015年12月间，在不具有银行业金融机构资质的前提下，通过“e租宝”“芝麻金融”两家互联网金融平台发布虚假的融资租赁债权项目及个人债权项目，包装成若干理财产品进行销售，并以承诺还本付息为诱饵对社会公开宣传，向社会公众非法吸纳巨额资金。其中，大部分集资款被用于返还集资本息、收购线下销售公司等平台运营支出，或用于违法犯罪活动被挥霍，造成大部分集资款损失。

最终，北京市第一中级人民法院一审以集资诈骗罪、走私贵重金属罪分别

① 《2019年最高人民检察院工作报告》，载中华人民共和国最高人民检察院，https://www.spp.gov.cn/zdgz/201903/t20190319_412292.shtml，最后访问日期2020年2月20日。

② 《公安部举行打击和防范非法集资等涉众型经济犯罪情况发布会》，载中华人民共和国国务院新闻办公室，http://www.scio.gov.cn/xwfbh/gbwxwfbh/xwfbh/gab/Document/1654281/1654281.htm，最后访问日期2020年2月20日。

判处二被告单位罚金18.03亿元和1亿元；以集资诈骗罪、非法吸收公众存款罪分别判处丁某等26名被告人无期徒刑和有期徒刑，并处剥夺政治权利及罚金。[①]

点评：网上金融强监管 内控不足不可为

“e租宝”案是近几年涉案金额大、影响范围广、社会关注度高的非法集资类案件之一。“e租宝”是打着互联网金融的旗号上线运行的，其业务模式本接近于P2P，但却因为不当地“移花接木”而走向非法。

根据2015年7月中国人民银行联合有关部委印发的《关于互联网金融健康发展的指导意见》，P2P即个体网络借贷，指的是个体和个体之间通过互联网平台实现的直接借贷。个体网络借贷要坚持平台功能，为投资方和融资方提供信息交互、撮合、资信评估等中介服务；个体网络借贷机构要明确信息中介性质，主要为借贷双方的直接借贷提供信息服务，不得提供增信服务，不得非法集资。

因此，P2P机构本质上只能是一个信息中介机构。而“e租宝”则涉及了“五重罪”：不具有银行业金融机构资质、承诺还本付息、虚构债权、建立资金池、筹集款自用。有鉴于此，企业应当时刻警惕集资活动的合法性，重视企业合规的方方面面，特别注意以下几点，避免步其后尘。

①建立资金存管机制，避免形成资金池。自设资金池会踩到监管红线。企业应当明确业务流程，坚持信息中介机构的定位，不设资金池。应当在银行等资质机构开设存管账户，规范资金流动。

②做好信息审核工作，保证信息真实性。作为信息中介机构，企业应当做好两头的信息审核工作，一方面加强对借款人的身份信息、项目信息和信用信息等的审核，保证相关借款信息真实。另一方面加强对投资者的审核，审慎评估其投资能力和风险承受能力，向特定对象集资的应当严格认证身份信息。同时，对于资金流向应当充分披露。

③合法经营勿起“歪念”，严格管理守本分。企业应当树立规范经营的理

---

① e租宝案一审宣判：涉案两公司被处罚金26人获刑，https://www.chinacourt.org/article/detail/2017/09/id/2994796.shtml，最后访问日期2020年2月20日。

念，不得占有投资者所投资金，不得自融，不得担保。企业建立合规计划，确保员工规范从业。

（点评人：赵光耀）

400亿“庞氏骗局” 13万人受骗
——昆明泛亚有色公司涉嫌非法吸收公众存款案[①]

2011年11月至2015年8月间，昆明泛亚有色公司董事长、总经理（总裁）单某与主管人员郭某、王某经商议策划，违反国家金融管理法律规定，以稀有金属买卖融资融货为名推行“委托交割受托申报”“委托受托”业务，向社会公开宣传，承诺给付固定回报，诱使社会公众投资，变相吸收巨额公众存款。云南天浩稀贵公司等3家公司及钱某等人明知昆明泛亚有色公司非法吸收公众存款而帮助其向社会公众吸收资金。昆明泛亚有色公司非法吸收公众存款数额巨大，给集资参与人造成巨额经济损失。

2019年3月22日，昆明市中级人民法院以非法吸收公众存款罪，对昆明泛亚有色公司判处罚金10亿元，对云南天浩稀贵公司等3家被告单位分别判处罚金5亿元、5000万元和500万元；对被告人单某以非法吸收公众存款罪、职务侵占罪判处有期徒刑十八年，并处没收个人财产5000万元，罚金50万元；对郭某等20名被告人分别依法追究相应的刑事责任。

2019年7月26日，云南省高级人民法院二审公开宣判，对上诉人王某依法改判为有期徒刑六年零六个月，对其他上诉人、原审被告人和原审被告单位维持原判。

点评：保本付息是金融产品　没有资质不能经营

昆明泛亚有色金属交易所本是含着金钥匙诞生的，政府的背书和媒体的追捧给它带来过无限风光，“日金宝”这一产品却最终让它在互联网金融的浪潮中翻了船。与其他互联网金融产品类似，“日金宝”打着“保本保息、随进随

①http://www.xinhuanet.com/legal/2019-03/22/c_1124270244.htm，最后访问日期2020年2月20日。

出"的口号吸引投资者，却还是玩着"以新还旧"的把戏，并且虚构交易制造假象，最终企业引火烧身。

在金融市场中，不仅投资者要有"投资有风险"的准备，交易平台也应当有"做平台有风险"的认识。合规经营是企业风险防控的基础，只有企业明确自身的主体性质，以此为中心建立起一套可推敲的规章制度并有效执行才能避免投资者将投资风险的锅盖到自己身上。首先要"中立客观"，不夸大宣传、不承诺保本保息，防范市场风险；其次要"出淤泥而不染"，做好资金监控，严格实行资金托管制度；再次要"练好内功"，让全体员工不能、不敢、不想挪用、占有投资者资金。

（点评人：赵光耀、董晓旋）

出现兑付逾期　公司运转艰难
——某公司成功化解涉嫌非法吸收公众存款罪刑事法律风险

某资产管理有限公司（本案例中简称"某公司"）是另一公司（本案例中简称"母公司"）控股旗下子公司。2018年第四季度，由于资金断链，以及挤兑现象发生，某公司出现兑付逾期，涉案金额高达数十亿元。大量来自全国各地的投资人到北京市报案，给首都安定和谐带来不稳定因素，客观上给办案机关造成较大的压力。与此同时，两家公司的部分管理人员或被刑拘、或在逃，公司无法正常运转。

本案想要通过刑事合规手段在侦查阶段取得良好的效果，难度较大，主要表现在以下几个方面：（1）涉案金额巨大；（2）受害人人数众多，且地域分布广泛；（3）受害人维权行为过激，给警方造成维稳压力，不利于律师工作展开；（4）警方已经立案侦查，打算掌握充分证据后，将此案提交检察院审查起诉。

点评：遇到挤兑不要慌　依法解决才正确

经过对某公司及其"吸收公众存款"的行为的详细调查，最终发现解决问题的关键在于让投资人恢复对某公司的信心，稳定投资人情绪，还需让监管部门相信公司有偿付的能力和决心。于是某公司采取了如下措施，应对将要面临的法律风险：

①成立投资人联合会。在公司的参与下，由投资人自发设立投资人联合会，以民主程序推举出投资人代表，参与公司决策。

②成立决策机构。由公司高管、投资人代表共同成立决策机构，对公司的重大事项共同作出决策。

③透明资产情况。建立官方微信群、微信公众号、网站，向投资人、监管机构、负责本案的侦查机关透明现有资产情况。

④提升各方信心。及时将某公司的母公司在美国分阶段上市的情况向公司员工、投资人、监管机构、侦查机关通报，提升各方信心。

⑤畅通沟通渠道。建立并畅通与投资人、监管机构、侦查机关的沟通渠道，定期公布、定期汇报资产兑付、追回情况，及时安抚投资人情绪，避免发生群体性上访事件。

⑥追回公司对外投资及其他资产。通过向警方报案、民事诉讼等多种合法手段向平台债务人追偿公司资产。

⑦出台新的兑付方案。与未兑付的投资人签订新的兑付方案，签约率高达95%。

某公司还聘请律师主动与警方进行了深入的交流，指出本案目前最好的解决处理方式是让某公司正常运作起来，继续兑付投资人，建议侦查机关可以将母公司以及与非法吸收公众存款案情无关的人员、情节轻微的人员先行变更或解除强制措施，以维持公司的正常运作。

经过不懈的努力，该建议获得了警方的认可。通过采取一系列合规措施，某公司成功地从最初的被动局面扭转了过来，不仅赢得了时间，而且为减轻或免除刑事责任创造了条件。

（点评人：赵光耀）

项目不存在 收钱变非吸
——尹某某涉嫌非法吸收公众存款案

2011 年以来，尹某某非法高利吸收民间资金转借他人，谋取非法利差。资金不能正常运转后，虚构自己拥有茶场、门面，并经营服装、火锅店、咖啡吧、融资公司等，以获取集资参与人的信任。

此后，尹某某以投资茶园等实业、办理银行“调头”业务为幌子，以高利息为诱饵，非法吸收集资参与人靳某等 62 人资金 1726.5 万元，大部分用于支付利息、打麻将等，造成集资参与人共计 1261.2 万余元资金无法返还。

点评：非法吸储 走向毁灭

①公司不应放任亲友打着公司名义向他人吸收资金，甚至一起参与，否则可能涉及非法吸收公众存款罪。

②从公司宣传角度，公司应当严格审查对外宣传资料，其中不应有虚假不实内容，否则可能涉及非法吸收公众存款罪。

③公司应当将资金用于实际生产经营方向，不应用于个人消费，否则可能涉及非法吸收公众存款罪。

（点评人：何兵）

二、刑事合规指引

问：融资行为可能会触犯刑法上哪些罪名？

答：非法吸收公众存款罪；集资诈骗罪；骗取贷款、票据承兑、金融票证罪；贷款诈骗罪等。

问：什么样的融资行为会构成非法吸收公众存款罪？

答：非法吸收公众存款罪是指违反国家金融管理法规非法吸收公众存款或变相吸收公众存款，扰乱金融秩序的行为。即，企业或个人未经中国人民银行批准，向社会不特定对象吸收资金、出具凭证，承诺在一定期限内还本付息的活动；或不以吸收公众存款的名义，向社会不特定对象募集资金，但其所承诺履行的义务与吸收公众存款性质相同的活动。

问：所谓“公众”是指什么？

答：非法吸收公众存款罪里的“公众”主要是突出吸收存款对象的不特定性，指社会上大多数人，包括自然人、法人。

问：行为人构成非法吸收公众存款罪的主观状态是什么？

答：行为人构成本罪时，主观上应当具有故意，但是，行为人不能有非法占有目的。如果具有非法占有目的，则会构成更为严重的集资诈骗罪。

问：如果犯了非法吸收公众存款罪，会被判处什么样的刑罚？

答：本罪最高可以判处十年有期徒刑。如果非法吸收公众存款或者变相吸收公众存款，扰乱金融秩序的，处三年以下有期徒刑或者拘役，并处或者单处二万元以上二十万元以下罚金；如果数额巨大或者有其他严重情节的，处三年以上十年以下有期徒刑，并处五万元以上五十万元以下罚金。

问：单位犯非法吸收公众存款罪会怎么处罚？

答：如果单位犯非法吸收公众存款罪，则对单位判处罚金，并对其直接负责的主管人员和其他直接责任人员，依照前款的规定处罚。

问：存在什么样的行为会导致被公安机关以非法吸收公众存款罪立案追诉的后果？

答：如果存在非法吸收公众存款或者变相吸收公众存款，且扰乱金融秩序的行为，涉嫌下列情形之一的，会被公安机关立案追诉：

（1）个人非法吸收或者变相吸收公众存款数额在二十万元以上的，单位非法吸收或者变相吸收公众存款数额在一百万元以上的。

（2）个人非法吸收或者变相吸收公众存款三十户以上的，单位非法吸收或者变相吸收公众存款一百五十户以上的。

（3）个人非法吸收或者变相吸收公众存款给存款人造成直接经济损失数额在十万元以上的，单位非法吸收或者变相吸收公众存款给存款人造成直接经济损失数额在五十万元以上的。

（4）造成恶劣社会影响的。

（5）其他扰乱金融秩序情节严重的情形。

问：什么样的融资行为会构成集资诈骗罪？

答：集资诈骗罪是指以非法占有为目的，违反有关金融法律、法规的规定，使用诈骗方法进行非法集资，扰乱国家正常金融秩序，侵犯公私财产所有权，且数额较大的行为。如果在以吸引公众投资入股或者高息吸收公众存款等向社会筹集款项的过程中，采取虚构集资用途，以虚假的证明文件和高回报率为诱饵，骗取集资款的，则可能构成集资诈骗罪。

问：行为人构成集资诈骗罪是怎样的主观状态（主观方面）？

答：构成本罪时，行为人主观上必须有犯罪故意，且必须有非法占有目的，即犯罪行为人在主观上必须具有将非法聚集的资金据为己有的目的。所谓“据为己有”，既包括将非法募集的资金置于非法集资的个人控制之下，也包括将非法募集的资金置于本单位的控制之下。

在通常情况下，这种目的具体表现为将非法募集的资金的所有权转归自己所有，或任意挥霍，或占有资金后携款潜逃等。

问：如果犯了集资诈骗罪，会被判处什么样的刑罚？

答：犯本罪最高可以被判处无期徒刑。

问：存在什么样的行为会导致被公安机关以集资诈骗罪立案追诉的后果？

答：如果以非法占有为目的，使用诈骗方法非法集资，涉嫌下列情形之一的，会被公安机关立案追诉：

（1）个人集资诈骗，数额在十万元以上的。

（2）单位集资诈骗，数额在五十万元以上的。

问：什么样的融资行为会构成骗取贷款、票据承兑、金融票证罪？

答：骗取贷款、票据承兑、金融票证罪是指以欺骗手段取得银行或者其他金融机构贷款、票据承兑、信用证、保函等，给银行或者其他金融机构造成重大损失或者有其他严重情节的行为。如果在向银行申办贷款的过程中采取了欺骗手段，如申请贷款的过程中有虚构事实、掩盖真相的情节，或者在申请贷款过程中，提供了假证明、假材料，或者不如实填写贷款资金真实用途，以骗得贷款的顺利审批的，给银行或者其他金融机构造成了重大损失或者有其他严重情节，则可能构成骗取贷款、票据承兑、金融票证罪。

问：行为人构成骗取贷款、票据承兑、金融票证罪时，是怎样的主观状态（主观方面）？

答：构成本罪时，行为人主观上应当具有犯罪故意，即积极采取欺骗手段，追求获得贷款归贷款人使用的目的。但是，如果贷款人主观上还具有将贷款占为己有、不再归还的目的，则应当构成贷款诈骗罪。

问：如果犯了骗取贷款、票据承兑、金融票证罪，会被判处什么样的刑罚？

答：犯本罪最高可以判处七年有期徒刑。如果以欺骗手段取得银行或者其他金融机构贷款、票据承兑、信用证、保函等，给银行或者其他金融机构造成重大损失或者有其他严重情节的，会被判处三年以下有期徒刑或者拘役，并处或者单处罚金；如果给银行或者其他金融机构造成特别重大损失或者有其他特别严重情节的，会被判处三年以上七年以下有期徒刑，并处罚金。

问：单位犯骗取贷款、票据承兑、金融票证罪会怎么处罚？

答：单位犯骗取贷款、票据承兑、金融票证罪的，会对单位判处罚金，并对其直接负责的主管人员和其他直接责任人员，依照前款的规定处罚。

问：存在什么样的行为会导致被公安机关以骗取贷款、票据承兑、金融票证罪立案追诉的后果？

答：如果以欺骗手段取得银行或者其他金融机构贷款、票据承兑、信用证、保函等，涉嫌下列情形之一的，会被公安机关立案追诉：

（1）以欺骗手段取得贷款、票据承兑、信用证、保函等，数额在一百万元以上的。

（2）以欺骗手段取得贷款、票据承兑、信用证、保函等，给银行或者其他金融机构造成直接经济损失数额在二十万元以上的。

（3）虽未达到上述数额标准，但多次以欺骗手段取得贷款、票据承兑、信用证、保函等的。

（4）其他给银行或者其他金融机构造成重大损失或者有其他严重情节的情形。

问：什么样的融资行为会构成贷款诈骗罪？

答：贷款诈骗罪，是指以非法占有为目的，采用虚构事实、隐瞒真相的方法诈骗银行或者其他金融机构的贷款，数额较大的行为。如果存在以非法占有为目的，编造引进资金、项目等虚假理由、使用虚假的经济合同、使用虚假的证明文件、使用虚假的产权证明作担保、超出抵押物价值重复担保或者以其他方法，诈骗银行或者其他金融机构的贷款的行为，且数额较大，则可能会构成贷款诈骗罪。

问：哪些主体能构成贷款诈骗罪？

答：一般主体（年满16周岁具有刑事责任能力的自然人）可构成本罪。单位不能成为本罪的主体。银行或其他金融机构的工作人员与诈骗贷款的犯罪分子串通并为之提供诈骗贷款帮助的，应以贷款诈骗罪的共犯论处。

问：行为人构成贷款诈骗罪时，是怎样的主观状态（主观方面）？

答：构成本罪时，行为人主观上应当具有犯罪故意，且具有非法占有目的。至于行为人非法占有贷款的动机是为了挥霍享受，还是为了转移隐匿，都不影响本罪的构成。

问：如果犯了贷款诈骗罪，会被判处什么样的刑罚？

答：犯本罪最高可以判处无期徒刑。触犯贷款诈骗罪必须具备下列情节之一：

（1）编造引进资金、项目等虚假理由的。

（2）使用虚假的经济合同的。

（3）使用虚假的证明文件的。

（4）使用虚假的产权证明作担保或者超出抵押物价值重复担保的。

（5）以其他方法诈骗贷款的。

问：存在什么样的行为会导致被公安机关以贷款诈骗罪立案追诉的后果？

答：如果存在以非法占有为目的，诈骗银行或者其他金融机构的贷款的行为，且数额在二万元以上，则会被公安机关以贷款诈骗罪立案追诉。

问：在融资过程中只要有违法行为一定触犯刑法？

答：融资过程中的轻微违法行为如果未达到刑事立案标准的，一般不会受到刑事处罚，但会受到相关监管机构的行政处罚。

三、刑事合规计划制定要点

企业应当从以下方面制定合规计划，防控刑事风险：

（1）融资主体。企业在融资过程中融资主体要真实存在，无论以公司融资还是以股东个人融资，都要避免虚构或以未设立的公司融资。

（2）资金使用。融资过程要向投资人明示所融资金准备如何使用，尽量在合同中明确使用方式，并如约使用。

（3）融资担保。融资过程如有担保，担保主体及担保物一定要真实存在，避免使用虚假或低于担保价值的担保物做担保。

（4）融资方式。融资的方式有很多选择，例如：债权融资、股权融资、商品营销、生产经营、租赁融资等，各种融资方式所对应的风险及可能涉及的罪名不同。针对不同的融资方式，避免触及以下罪名：

①欺诈发行股票、债券罪（刑法第160条）。

②非法吸收公众存款罪（刑法第176条）。

③擅自发行股票，公司、企业债券罪（刑法第179条）。

④编造并传播证券、期货交易虚假信息罪或诱骗投资者买卖证券、期货合约罪（刑法第181条第一、二款）。

⑤吸收客户资金不入账罪（刑法第187条）。

⑥集资诈骗罪（刑法第192条）。

⑦组织、领导传销活动罪（刑法第224条之一）。

坚决杜绝以如下方式融资：

①未经有关部门依法批准或者借用合法经营的形式吸收资金。

②通过媒体、推介会、传单、手机短信等途径向社会公开宣传。

③承诺在一定期限内以货币、实物、股权等方式还本付息或者给付回报。

④向社会公众即社会不特定对象吸收资金。

（5）融资过程。杜绝向外出具任何虚假材料，如虚构、假冒融资主体，虚构融资项目或融资项目对外展示中出具虚假材料，虚构融资担保物或重复担保。

（6）债权融资尤其是借款融资中的融资归还能力。①要考虑融资主体有无实际归还能力，要避免融资主体明知没有归还能力而大量融资的情况；②避免采取“拆东墙补西墙”式的非法集资；③杜绝融资时，根本无经营意图、或明知盈利能力不足以支付利息的情况。

（7）对融资资金的使用。①避免融资主体在获取资金后躲债、逃跑的情况。②杜绝肆意挥霍所融资金。③杜绝使用骗取的资金进行违法犯罪活动。④避免未将融资资金用于生产经营活动或者用于生产经营活动与筹集资金规模明显不成比例，从而致使融资款不能返还。

（8）对融资主体财务的处理。①杜绝隐匿、销毁账目。②杜绝搞假破产、假倒闭，以逃避返还资金。

（9）对融资资金的归还情况。①避免融资企业抽逃、转移资金、隐匿财产，以逃避返还资金。②杜绝以任何理由非法占有资金、拒不返还的行为。③避免拒不向司法机关或投资人说明资金去向，逃避返还资金的行为。

（10）股权融资。要特别注意以下情况：①避免向特定对象发行股票后股东累计不超过 200 人。②以非公开发行股票及股权转让方式融资中，不得采用广告、公告、广播、电视、传真、信函、推介会、说明会、网络、短信、公开劝诱等公开方式或变相公开方式向社会发行。③严禁任何公司股东自行或委托他人以公开方式向社会转让股票。

（11）向金融机构融资。其过程中要注意：①避免向金融机构提供或者使用虚假交易项目、证明文件、物权证明，更不能编造引进资金、项目等虚假理由、使用虚假的经济合同、使用虚假的证明文件、使用虚假的产权证明作担保、超出抵押物价值重复担保。②避免向金融机构隐瞒贷款真实使用用途，如获得贷款后用于炒股、投资等方式牟取利益。③如已经使用以上手段取得金融机构贷款，一定要及时归还，避免给银行或者其他金融机构造成重大损失。④避免以转贷牟利为目的，套取金融机构信贷资金高利转贷他人的情况。

总之，企业融资过程中，在选择融资方式、融资规模以及融资回报率等方面要注意合法性，可以向内部工作人员、亲友等某种范围内的特定对象进行融资，而不要向社会公众等不特定人群公开宣传、融资。企业要考虑自己的实际经营状况和还款能力，确定适度的融资成本；避免过分夸大企业经济实力，避免高息的融资成本，导致超出企业承受能力范围，以防止后期无法承受的高额融资成本而承担非法吸收公众存款或集资诈骗的刑事责任。融资中一定要提供真实的信息、证明资料及抵押物。如果选择金融机构，以贷款来融资，一定要提供合适的抵押（质押）物，对融资进行担保，同时要考虑自己的归还能力，提交金融机构财务数据、财务资料、项目资料的真实性。另外，要根据融资方式，预先考虑、制定危机处理方法，事先要考虑好若企业停摆、投资项目失败，如何归还借款，以防不时之需。

（本章撰写人：赵光耀、董晓璇）

第八章

宣传推广行为的刑事合规

一、知识产权刑事合规

在我国刑法中，侵犯知识产权罪不是指一个单独的罪名，而是一系列侵犯知识产权的罪名类别总称。从刑法条文来看，刑法分则第三章第七节“侵犯知识产权罪”，对包括假冒注册商标罪、销售假冒注册商标的商品罪、非法制造销售非法制造的注册商标标识罪、假冒专利罪、侵犯著作权罪、销售侵权复制品罪、侵犯商业秘密罪等七项罪名进行了规定。这七项罪名的犯罪构成，以及起刑点数额标准，需要结合司法解释具体理解。总体来看，侵犯知识产权这类罪名的主观方面只能是故意，不能是过失；在刑事入罪标准方面，需要达到情节严重、数额较大或数额巨大的标准。

由于知识产权案件通常具有高度专业性，与其他刑事案件较为不同，在诉讼制度上也具有特殊性。在各地区逐步进行试点之后，2014年中央全面深化改革领导小组第三次会议，审议通过《关于设立知识产权法院的方案》，在全国范围推行知识产权的“三审合一”诉讼模式，设立专门的知识产权法庭审理知识产权的民事、行政、刑事案件，以便优化诉讼资源配置，统一司法裁量尺度。

（一）刑事合规点评

产品想要畅销　商标岂能假冒
——肖某某涉嫌非法制造、销售非法制造的注册商标标识案

2013年至2014年间，肖某某未经商标所有人某矿业制造（中国）投资公司许可，非法生产假冒注册商标“3M”8210口罩9.48万只，后因口罩质量不过关，便将该批口罩存放于租用的福建省龙海市颜厝镇宅前村郑某家铁皮仓库。

2016年6月27日，肖某某通过詹某某将该批口罩作价1万元以及生产口罩机器作价6.12万元，销售给汪某。詹某某从汪某处获得500元“辛苦费”，并将7.12万元全部交给肖某某后，由肖某某报销了詹某某的来回路费。

法院审理认为，被告人肖某某明知“3M”牌系注册商标，未经商标所有人某矿业制造（中国）投资公司许可，擅自制造“3M”8210口罩9.48万只并予以销售，其行为构成了非法制造、销售非法制造的注册商标标识罪；被告人詹某某明知肖某某生产假冒“3M”8210口罩仍帮其进行销售，其行为构成了销售非法制造的注册商标标识罪，且二被告人在销售非法制造的注册商标标识犯罪过程中系共同犯罪。二人归案后能如实供述基本犯罪事实，上缴了全部违法所得，依法可以对其从宽从轻处理。

最后，法院以非法制造、销售非法制造的注册商标标识罪，判处肖某某有期徒刑二年二个月，缓刑二年六个月，并处罚金三万元；以销售非法制造的注册商标标识罪，判处詹某某有期徒刑一年，缓刑一年六个月，并处罚金一千五百元。二人退缴的违法所得予以没收，上缴国库。

点评：小小商标　世界关注

企业应当树立刑事风险防范意识。商标受到法律保护，在经过主管部门注册批准之后，成为企业商品或者服务的独特标记，未经许可使用他人商标的行为可能涉嫌犯罪。3M 公司是明尼苏达矿业制造公司的简称（全称 Minnesota Mining and Manufacturing），3M 口罩是由 3M 公司生产的口罩。未经 3M 公司允许，擅自将生产的口罩贴上“3M”标识，属于违法行为。如果生产数量超过 2 万件以上，或者非法经营数额在 5 万元以上，或者违法所得数额在 3 万元以上，可以追究其刑事责任。

在新冠肺炎疫情防控时期，口罩等物资面临着极大的缺口，市场供不应求的问题极为严重。在利益诱惑之下，一些厂家铤而走险，明知道没有获得已注册商标的授权，还是擅自生产一些知名品牌的医疗防护用品并进行销售。这种行为不仅违法，而且存在安全健康隐患，给疫情防控工作带来巨大危害。

（点评人：刘杨、陈福牛）

产品都有标准　仿冒必定穿帮

——东莞市某某光学科技有限公司、王某波等假冒注册商标案

2016 年至 2017 年 11 月 30 日，王某、丁某在东莞市某某光学科技有限公司防护用品厂内，组织工人大量生产、包装假冒“3M”注册商标的 10 多种型号的防尘口罩和三种型号的滤毒盒等产品用于销售，销售金额共计 290 万余元。抓获现场，被查扣尚未销售的假冒“3M”注册商标各种型号口罩 24 万余个、滤毒盒 1 万余包、全面具 4000 余个、全面具部件 6000 余个，价值计 56 万余元。

法院判决认为，被告单位东莞市某某光学科技有限公司犯构成假冒注册商标罪，另外两个关联公司构成非法制造、销售非法制造的注册商标标识罪，分别处罚金 1 千元至 15 万元不等，并追缴违法所得；被告人王某波等人构成假冒注册商标罪，量刑一年六个月到三年六个月，罚金 3 万元到 80 万元不等。

点评：山寨产品　害人害己

本案涉及到众多犯罪嫌疑人、侵犯知识产权的多个罪名，从商标生产、销售到最后的商品生产、销售，涉案数额大，牵涉人员广。如此庞大的侵犯知识产权案件，不仅严重损害了美国3M公司的合法利益，而且生产出来的山寨产品没有经过严格的安全检查，严重威胁着人民群众的生命健康安全。

我国对知识产权的保护力度逐年加大，这有利于经济健康发展。同时，优秀品牌带来的广阔市场也使得一些工厂铤而走险，实施未经注册商标所有人授权的生产行为。在疫情防控严峻时期，全国相关部门也在加大对仿冒品牌口罩等防疫物资生产销售的打击力度。对于企业而言，更应该积极配合，遵纪守法。

企业应当关注自己生产或者销售的产品是否属于特殊要求产品，属于此类产品的只有获得相应检测认证，才能依法进行生产销售。例如，自新型冠状病毒感染的肺炎疫情暴发以来，武汉市中心医院公布了口罩以及医用防护服的国内标准以及海外标准。为此，2020年2月7日，国家市场监督管理总局公布了获国家级资质认定的医疗器械防护用品检验检测机构名录，这类机构共有55家，其中，30家具有医用一次性防护服检测能力，34家具有医用防护口罩检测能力，28家具有医用外科口罩检测能力，24家具有一次性使用医用口罩检测能力，34家具有一次性使用灭菌橡胶外科手套检测能力，34家具有一次性使用医用橡胶检查手套检测能力。① 因此，如果没有经过上述合法机构检验检测的产品，不具备合法认证资质，相关的生产、交易行为都可能会引发知识产权刑事风险。

（点评人：吾采灵）

知假销假谋暴利　作茧自缚被查处

——陈某斌销售假冒注册商标的商品案

2018年6月份，陈某斌在网上认识了销售洋酒的“小诺”（在逃），于

① 市场监管总局认可检测司：《市场监管总局公布获国家级资质认定的医疗器械防护用品检验检测机构名录》，载国家市场监督管理总局网站：http://www.samr.gov.cn/xw/zj/202002/t20200207_311208.html，最后访问日期：2020年2月15日。

是开始在网上向“小诺”购买马爹利、轩尼诗这两个品牌的洋酒，并将所购买的洋酒加价销售给他人。起初陈某斌以为“小诺”出售的洋酒是真酒，从2018年8月开始，陈某斌知道“小诺”所售洋酒是假酒，仍继续在网上向“小诺”购买假洋酒并销售给他人。

陈某斌与“小诺”以微信转账的方式交收货款，然后以物流方式送货。陈某斌从“小诺”处购买的假洋酒，均以高于其购买的成本价但低于真酒市场价的价格，主要在其微信朋友圈内销售，少量放在其经营的位于佛山市顺德区大良街道的某便利店等处销售。2018年8月至2018年11月26日，陈某斌向“小诺”购买假冒注册商标MARTELL（马爹利）、Hennessy（轩尼诗）品牌的洋酒，并微信支付货款47.1万余元给“小诺”，这些购得的假洋酒基本已加价销售给他人。

2018年11月26日，警方联合市场监督管理局对陈某斌经营的便利店和其住处进行检查，现场共查获尚未销售的假冒洋酒共76瓶，成本价为2.3万余元，销售价为3.5万余元。最终，法院判处被告人陈某斌销售假冒注册商标的商品罪有期徒刑三年六个月，并处罚金十万元。

点评：贪图小利要不得　买假销假风险高

本案的被害人之一是马爹利股份有限公司，在陈某斌侵犯公司产品知识产权案件发生之后，律师第一时间和司法部门沟通交流，向人民法院提交了代理意见：

被告人陈某斌向“小诺”购买洋酒的价格远低于市场价，如果里面有真酒明显不符合常理；根据陈某斌与“小诺”的微信聊天记录，可证实陈某斌在2018年7月已经对洋酒的真实性有所怀疑，且至迟在2018年8月开始已明知“小诺”供应的洋酒系假冒注册商标的商品；本案涉案销售金额超过25万元，属于“数额巨大”，量刑幅度应在有期徒刑三年以上，并处罚金。但是，陈某斌的行为危害消费者的身体健康，对被害单位的合法权益造成严重损害，应对其酌情从重处罚。

法院审理后认为，被告人陈某斌明知道是假洋酒，仍然继续销售给他人，被害单位马爹利股份有限公司提出的陈述意见均查证属实，予以采纳。

（点评人：王潇）

（二）刑事合规指引

问：刑法规定的“假冒注册商标罪”是什么意思？

答：刑法第213条假冒注册商标罪，是指违反国家商标管理法律法规，未经注册商标所有人许可，在同一种商品上使用与其注册商标相同的商标，情节严重的行为。

问：假冒商标只能是个人犯罪吗？如果我们公司生产假冒商标，公司是否也会构成犯罪？

答：单位和个人都可能成为本罪主体，即任何企业、事业单位或者个人假冒他人注册商标，情节达到犯罪标准的即构成本罪。该罪侵犯的客体为他人合法的注册商标专用权，以及国家商标管理秩序。主观方面为故意，且以营利为目的，过失不构成本罪。客观方面为行为人实施了刑法所禁止的假冒商标行为，且情节严重。

问：使用与他人有点相近的商标行不行？

答：需要根据具体情况来判定。如果被认定为“与其注册商标相同的商标”，同样可能涉嫌刑事犯罪。根据最高人民法院、最高人民检察院、公安部《关于办理侵犯知识产权刑事案件适用法律若干问题的意见》（下称《知识产权意见》）第6条的规定，具有下列情形之一，可以认定为“与其注册商标相同的商标”：

（1）改变注册商标的字体、字母大小写或者文字横竖排列，与注册商标之间仅有细微差别的。

（2）改变注册商标的文字、字母、数字等之间的间距，不影响体现注册商标显著特征的。

（3）改变注册商标颜色的。

（4）其他与注册商标在视觉上基本无差别、足以对公众产生误导的商标。

问：我是做电唱机的，用别人录音机上的商标行不行？

答：不行，依然构成侵犯他人商标。根据商标法的规定，应按照商品的原料、形状、性能、用途等因素以及习惯来判断，同一种商品一般指名称相同的商品，或名称虽不相同但所指的商品是相同的商品。有些商品的原料、外观不相同，但从消费者情况考虑，在本质上有同一性，应视为同一种商品。如：收音机、录音机、电唱机，用途结构不同，但在组合音响这一概念上属于同一商品。因此，同一种商品的概念并不是指完全一样的相同商品。

根据《知识产权意见》第5条的规定，名称相同的商品以及名称不同但指同一事物的商品，可以认定为“同一种商品”。“名称”是指国家工商行政管理总局商标局在商标注册工作中对商品使用的名称，通常即《商标注册用商品和服务国际分类》中规定的商品名称。“名称不同但指同一事物的商品”是指在功能、用途、主要原料、消费对象、销售渠道等方面相同或者基本相同，相关公众一般认为是同一种事物的商品。在认定“同一种商品”的时候，应当在权利人注册商标核定使用的商品和行为人实际生产销售的商品之间进行比较。因此，在电唱机上使用他人录音机上的商标同样构成侵权，可能面临刑事风险。

问：刑法关于相同商标是怎么规定的？

答：所谓“相同商标”是指构成要素及组合相同的商标。至于“相同商标”与“相近似商标”应从文字、图形等构成要素及其组合的方式等角度进行具体认定。

问：刑法中规定的使用商标是什么意思？

答：所谓“使用”是指“在商品上的使用”。一般来讲，商标在商品上的使用应理解为在商品本身或商品的包装上的使用。因此，使用商标的商品应当不仅包括进入市场的商品，也包括为销售而储存、运输、展览的商品。

问：“假冒注册商标罪”的量刑标准和追诉标准是什么？

答：关于量刑标准的问题，从刑法第213条的规定看，共有两个量刑档次。未经注册商标所有人许可，在同一种商品上使用与其注册商标相同的商标，情节严重的，处三年以下有期徒刑或者拘役，并处或者单处罚金；情节特别严重的，处三年以上七年以下有期徒刑，并处罚金。

关于追诉标准的问题，根据《最高人民检察院公安部关于公安机关管辖的刑事案件立案追诉标准的规定（二）》（下称《追诉标准二》）第69条的规定，未经注册商标所有人许可，在同一种商品上使用与其注册商标相同的商标，具有下列情形之一的，应予以立案追诉：

（1）非法经营数额在五万元以上或者违法所得数额在三万元以上的。

（2）假冒两种以上注册商标，非法经营数额在三万元以上或者违法所得数额在二万元以上的。

（3）其他情节严重的情形。

问：刑法规定的“销售假冒注册商标的商品罪”是什么意思？

答：刑法第 214 条销售假冒注册商标的商品罪，是指违反商标管理法规，销售明知是假冒注册商标的商品，销售金额数额较大的行为。该罪主体为一般主体，即可以是任何单位和个人。客体为他人合法的注册商标专用权和国家商标管理秩序。主观方面必须是故意，即明知是假冒注册商标的商品而销售的。如果行为人不知情，不构成本罪。客观方面是销售假冒注册商标的商品，并且销售金额较大的行为，包括批发、零售、代销等形式。对于犯罪嫌疑人实施销售假冒注册商标时是否明知的认定，应当根据案件的客观事实认定，只要能证明其知道或应当知道销售的是仿冒品的，即可以认定为明知。

问："销售假冒注册商标的商品罪"的量刑标准和追诉标准是什么？

答：关于量刑标准的问题，刑法第 214 条规定了两个量刑档次，对于销售明知是假冒注册商标的商品，销售金额数额较大的，处三年以下有期徒刑或者拘役，并处或者单处罚金；对于销售金额数额巨大的，处三年以上七年以下有期徒刑，并处罚金。

关于追诉标准的问题，根据《追诉标准二》第 70 条的规定，销售明知是假冒注册商标的商品，涉嫌下列情形之一的，应予立案追诉：

（1）销售金额在五万元以上的。

（2）尚未销售，货值金额在十五万元以上的。

（3）销售金额不满五万元，但已销售金额与尚未销售的货值金额合计在十五万元以上的。

问：我有 10 箱假冒的知名品牌的酒，买进来还没有卖出去，是否犯法了？

答：是否构成犯罪，需要视具体数额判断。根据《知识产权意见》

的规定，销售明知是假冒注册商标的商品，具有下列情形之一的，以销售假冒注册商标的商品罪（未遂）定罪处罚：

（1）假冒注册商标的商品尚未销售，货值金额在十五万元以上的。

（2）假冒注册商标的商品部分销售，已销售金额不满五万元，但与尚未销售的假冒注册商标的商品的货值金额合计在十五万元以上的。

问：疫情防控期间生产假冒知名口罩可以吗？

答：在疫情防控期间，未经防治、防护用品注册商标所有人许可，在同一种商品上使用与其注册商标相同的商标，构成商标侵权。当经营数额或者违法所得数额达到《追诉标准二》第 69 条规定的标准时，可能构成假冒注册商标罪。

问：刑法规定的“非法制造、销售非法制造的注册商标标识罪”是什么意思？

答：刑法第 215 条非法制造、销售非法制造的注册商标标识罪，是指违反商标管理法规，伪造、擅自制造他人的注册商标标识或者销售伪造、擅自制造的注册商标标识，情节严重的行为。该罪主要客体是国家对商标的管理秩序，次要客体是他人注册商标的专用权。客观上表现为行为人实施了非法制造、销售非法制造的注册商标标识的行为。主体为一般主体，单位也可以构成非法制造、销售非法制造的注册商标标识罪，主观方面表现为故意。所谓商标标识，是指附有商标图样、商标注册标记、“注册商标”字样、注册商标标志、核准注册的名称等的物质载体，如商标纸、商标片、商标织带等。

问：“非法制造、销售非法制造的注册商标标识罪”的量刑标准和追诉标准是什么？

答：关于量刑标准的问题，刑法第215条规定了两个量刑档次。对于伪造、擅自制造他人注册商标标识或者销售伪造、擅自制造的注册商标标识，情节严重的，处三年以下有期徒刑、拘役或者管制，并处或者单处罚金；对于情节特别严重的，处三年以上七年以下有期徒刑，并处罚金。

关于追诉标准的问题，根据《追诉标准二》第71条的规定，伪造、擅自制造他人注册商标标识或者销售伪造、擅自制造的注册商标标识，涉嫌下列情形之一的，应予立案追诉：

（1）伪造、擅自制造或者销售伪造、擅自制造的注册商标标识数量在二万件以上，或者非法经营数额在五万元以上，或者违法所得数额在三万元以上的。

（2）伪造、擅自制造或者销售伪造、擅自制造两种以上注册商标标识数量在一万件以上，或者非法经营数额在三万元以上，或者违法所得数额在二万元以上的。

（3）其他情节严重的情形。

问：对于侵权产品是不是只要不卖出去就不会犯罪？

答：错误。对于尚未销售的侵权产品，如果货物价值达到了《追诉标准二》第70条规定的标准，同样可能构成犯罪，以销售非法制造的注册商标标识罪（未遂）定罪处罚。

问：刑法规定的“假冒专利罪”是什么意思？

答：刑法第216条假冒专利罪，是指违反专利法规，假冒他人专利，情节严重的行为。本罪的主体是一般主体，企业、事业单位和个人均可构成。主观方面是故意，一般具有非法获取经济利益的目的，但也有的是出于损害他人的声誉，破坏他人专利权益的目的，出于何种目的不影响本罪的成立。客观方面表现为，违反国家专利管理法规，在法律规定的专利有效期限内，假冒他人被授予的专利，情节严重的行为。客体是他人的专利所有权，包括发明专利、实用新型专利和外观设计专利。

问：哪些行为会被认为是假冒专利？

答：根据《专利法实施细则》第 84 条规定，下列行为属于假冒他人专利的行为：

（1）在未被授予专利权的产品或者其包装上标注专利标识，专利权被宣告无效后或者终止后继续在产品或者其包装上标注专利标识，或者未经许可在产品或者产品包装上标注他人的专利号。

（2）销售上述产品。

（3）在产品说明书等材料中将未被授予专利权的技术或者设计称为专利技术或者专利设计，将专利申请称为专利，或者未经许可使用他人的专利号，使公众将所涉及的技术或者设计误认为是专利技术或者专利设计。

（4）伪造或者变造专利证书、专利文件或者专利申请文件。

（5）其他使公众混淆，将未被授予专利权的技术或者设计误认为是专利技术或者专利设计的行为。

问：“假冒专利罪”的量刑标准和追诉标准是什么？

答：关于量刑标准的问题，刑法第 216 条规定 1 个量刑档次，对于假冒他人专利，情节严重的，处三年以下有期徒刑或者拘役，并处或者单处罚金。

关于追诉标准的问题，根据《追诉标准二》第 72 条的规定，假冒他人专利，情节严重的，具有下列情形之一的，应予以立案追诉：

（1）非法经营数额在二十万元以上或者违法所得数额在十万元以上的。

（2）给专利权人造成直接经济损失在五十万元以上的。

（3）假冒两项以上他人专利，非法经营数额在十万元以上或者违法所得数额在五万元以上的。

（4）其他情节严重的情形。

问：单位涉嫌侵犯知识产权罪如何处罚？

答：单位触犯刑法第 213 条至第 219 条规定之罪的，对单位判处罚金，并对其直接负责的主管人员和其他直接责任人员，依照刑法相关规定处罚。

问：商标法中对假冒注册商标的行为如何处理？

答：根据商标法第 63、67 条的规定，按以下方式进行处理：

（1）对属于假冒注册商标的商品，除特殊情况外，责令销毁。

（2）对主要用于制造假冒注册商标的商品的材料、工具，责令销毁，且不予补偿。

（3）或者在特殊情况下，责令禁止前述材料、工具进入商业渠道，且不予补偿。相关产品禁止销售。

（4）构成犯罪的，除赔偿被侵权人的损失外，依法追究刑事责任。

问：新冠肺炎疫情防控期间，哪些行为特别具有知识产权刑事合规风险？

答：（1）不具有生产、销售医疗防护物资资质的企业假冒或者使用虚假的注册商标生产、销售医疗防护物资。

（2）假冒或非法使用他人专利生产医疗防护物资。

（3）非法制造、销售非法制造的注册商标标识。

（4）恶意修改所生产、销售的医疗防护物资标准，将低标准防护物资投放市场。

（5）生产、销售未获得国家级资质检验检测机构认定的医疗器械防护用品。

（6）回收使用过的口罩、防护服等医疗物资，简单贴标后投入销售的恶劣行为等。

问：针对疫情防控，国家对此期间的防疫专利提供了哪些保护途径？

答：国家知识产权局在国家政务服务平台疫情防控专题上线了“防疫专利信息共享平台”功能，免费向社会开放，为各医疗机构、科研院所开展疫情防治工作提供及时、专业的专利信息服务。① 同时，国家知识产权局也发布了《抗击新型冠状病毒肺炎专利信息研报》，从化学药、生物药、疫苗、检测方法和检测仪器五个方面展开论述并给出研究方向和建议，力求为科研人员赋能，以期加速研发进程。② 地方专利局在促进产权数据开放共享的同时，加大了对相关知识产权的保护，对于侵犯专利、侵犯商业秘密的违法行为予以严厉打击。涉嫌犯罪的及时移交司法机关追究刑事责任。

问：疫情防控期间，对侵犯知识产权犯罪行为的打击力度有无加大？

答：有。对涉及疫情防控的违法行为，考虑其特殊危害性，从重处罚。根据国家市场监管总局2020年2月6日发布的《关于依法从重

① 王宇、袁帅、张丹：《为打赢疫情防控阻击战提供“利器”》，载国家知识产权局网站 http://www.cnipa.gov.cn/mtsd/1145935.htm，最后访问日期：2020年1月15日。

② 《抗击新型冠状病毒肺炎专利信息研报》，载国家知识产权局网站 http://www.cnipa.gov.cn/zscqgz/1145991.htm，最后访问日期：2020年2月15日。

从快严厉打击新型冠状病毒疫情防控期间违法行为的意见》（国市监法〔2020〕27号），[①] 对口罩、医用防护服、防护面屏、医用防护鞋套、隔离衣等防护用品假冒注册商标、假冒专利、侵犯商业秘密等违法行为，在依法可以选择的处罚种类和处罚幅度内，适用较重、较多的处罚种类或者较高的处罚幅度进行处罚，其中罚款的数额应当在从最低限到最高限这一幅度中较高的30%部分。涉嫌犯罪的，必须坚决移送司法机关依法追究刑事责任。在行政执法工作中，对与疫情防控相关的违法案件要优先加快办理。政治责任感要增强，工作节奏要加快，办案效率要提高。有关部门在依法行政的前提下，可以根据当地疫情防控需要，简化执法和听证程序，压缩办案时限，提高应当进行听证案件的罚款数额下限，积极运用各种方便形式简化程序。

（三）刑事合规计划制定要点

企业应当从以下方面制定合规计划，以防控刑事风险：

（1）制定刑事风险清单。例如在疫情防控期间，已经出现了大量涉及到医护物资的犯罪行为，包括无中生有的诈骗行为、以次充好的生产销售伪劣商品行为以及冒充知名商标品牌的假冒注册商标行为。在实践中，可能存在竞合问题，可能会按照重罪吸收轻罪原则出发，也可能按照多个罪名进行数罪并罚。

一般情况下，行为人制造假冒注册商标的商品的目的即为销售假冒注册商标的商品，因此，假冒注册商标的行为与销售假冒注册商标

① 《市场监管总局关于依法从重从快严厉打击新型冠状病毒疫情防控期间违法行为的意见》（国市监法〔2020〕27号），载中华人民共和国中央人民政府网站 http://www.gov.cn/zhengce/zhengceku/2020-02/07/content_5475818.htm，最后访问日期：2020年2月15日。

的行为之间应为吸收关系。根据《最高人民法院、最高人民检察院关于办理侵犯知识产权刑事案件具体应用法律若干问题的解释》（法释〔2004〕19号）规定，实施假冒注册商标罪，又销售该注册商标的商品，构成犯罪的，应当以假冒注册商标罪定罪处罚。同时还明确符合实施假冒注册商标犯罪的，又销售明知是他人的假冒注册商标的商品，构成犯罪的，应当实行数罪并罚。

（2）梳理侵犯知识产权行为方式。近年来，随着网络的普及和电子商务的蓬勃发展，销售假冒注册商标的商品渠道出现了新的变化，B2C、C2C等销售形式层出不穷，犯罪领域已从物理空间发展到了虚拟空间。由于网络相对无地域性，犯罪嫌疑人通过网络销售假冒注册商标的商品，使得犯罪地域跨度大，销售对象涉及全国乃至世界各地，导致犯罪的社会危害性相较于传统犯罪更大。[①]

（3）重视民刑交叉风险。从相关法律法规来看，假冒他人的注册商标这一类行为，并不只是侵犯民事法律和行政法律，更经常用刑事法律进行处罚，后果也是相当严重的。在疫情期间，在医疗用品的商标使用若存在违反刑法强制性规定，将会受到法律严惩。因此，对于企业而言，提高知识产权的刑事合规意识是很有必要的。

另一方面，企业应提高知识产权意识，在生产及经营中形成良好的知识产权思维范式。积极主动申请知识产权保护，企业只有及时申请并获得授权，才能够有效地保护知识产权成果。在具备可行条件下，建议设立专门的知识产权管理保护部门，建立健全知识产权规章制度。与专业律所签订法律顾问合同，购买相应的知识产权法律服务。同时

① 鲍振强：《网络环境下销售假冒注册商标的商品犯罪实证分析》，载《人民检察》2015年第13期。

从以下方面来制定合规计划：

①商标权方面。应通过签订合同的方式获得已注册商标所有人的许可，并且在合同的授权许可范围之内使用。未经许可，非法使用他人注册商标的，易引发刑事风险。如果明知是假冒注册商标的商品仍销售的，可能构成刑事犯罪。例如，在疫情期间出售假冒“3M”注册商标口罩的行为，就有可能构成销售假冒注册商标的商品罪，面临刑事处罚。

②专利权方面。具备实施条件的单位或者个人，可以经申请获得实施专利的强制许可。此外，通过签订授权合同或者其他方式，合法实施他人专利。例如，擅自生产、销售他人具备专利权的抗病毒药品，情节严重的，可能构成假冒专利罪。

③商业秘密方面。企业可以通过签订许可使用合同的方式，合法获知和使用他人的商业秘密，如果超出许可范围，或者违反合同约定，仍可能引发刑事风险。企业在面临知识产权侵权行为时，应主动运用各种法律手段维护自身利益。同时，也应当尊重他人知识产权，合法行使权利。

二、广告行为刑事合规

（一）刑事合规点评

触碰法律底线　朋友圈也不例外

——某母婴用品店涉嫌虚假宣传案

2020年1月26日，在抗击新型冠状病毒感染肺炎疫情期间，四川省安岳县某母婴用品店为促进销售“亲力素”牌乳铁蛋白产品，在微信朋友圈中发布“乳铁蛋白可以有效抑制SARS冠状病毒感染，有科学研究报告为证”“武汉的病毒真的很厉害，家里有乳铁蛋白的加量吃”的广告宣传信息，一时间引起了众多消费者的关注和质疑。事实上，该母婴用品店根本提供不了其广告宣传信息的科学结论、权威报告等合法依据。因该母婴用品店利用疫情虚假宣传，当地市场监管部门已对其立案调查。

点评：广告应真实　虚假必被罚

该母婴店利用疫情进行虚假宣传的行为，可能存在承担行政责任、民事责任、刑事责任的风险。“两高”“两部”联合印发的《关于依法惩治妨害新型冠状病毒感染肺炎疫情防控违法犯罪的意见》以及“两高”《关于办理妨害预防、控制突发传染病疫情等灾害的刑事案件具体应用法律若干问题的解释》规定：“在疫情防控期间，违反国家规定，假借疫情防控的名义，利用广告对所推销的商品或者服务作虚假宣传，致使多人上当受骗，违法所得数额较大或者有其他严重情节的，依照刑法第222条的规定，以虚假广告罪定罪处罚。”刑法第222条规定：广告主、广告经营者、广告发布者违反国家规定，利用广告对商品或者服务作虚假宣传，情节严重的，处二年以下有期徒刑或者拘役，并处或者单处罚金。《最高人民检察院、公安部关于公安机关管辖的刑事案件立案追诉标准的规定（二）》第75条规定：广告主、广告经营者、广告发布者违反国家规定，利用广告对商品或者服务作虚假宣传，涉嫌下列情形之一的，应予立案追诉：

①违法所得数额在十万元以上的。

②给单个消费者造成直接经济损失数额在五万元以上的，或者给多个消费者造成直接经济损失数额累计在二十万元以上的。

③假借预防、控制突发事件的名义，利用广告作虚假宣传，致使多人上当受骗，违法所得数额在三万元以上的。

④虽未达到上述数额标准，但两年内因利用广告作虚假宣传，受过行政处罚二次以上，又利用广告作虚假宣传的。

⑤造成人身伤残的。

⑥其他情节严重的情形。

根据上述法律规定，如母婴店利用网络进行虚假广告宣传的行为达到刑事案件立案追诉标准，母婴店或者其实际经营者的行为将被追究刑事责任，存在可能判处二年以下有期徒刑或者拘役，并处或者单处罚金的风险。

（点评人：胡艳、刘金毅）

吹牛皮要慎重　不把门被查处
——某药房涉嫌虚假广告案

2020年1月26日，重庆市荣昌区市场监管局对某大药房零售连锁有限公司奥城店进行检查，发现其门店玻璃大门张贴的手写宣传单上，有“预防新型冠状病毒：板蓝根、柑橘冰梅片、抗病毒颗粒、抗病毒口服液、一清颗粒、抗感颗粒、蒲公英颗粒、金银花颗粒、银翘解毒片、热毒清片、复方穿心莲片、复方鱼腥草片、玄麦甘桔颗粒、金菊五花茶、清热解毒类药物均可预防新冠状病毒”“预防新冠状病毒，口罩＋抗病毒药物，双向结合更加有效，预防大于治疗”等内容。同日，北京市密云区市场监督管理局执法人员在对某医药有限公司分店进行价格行为检查时，发现该店借疫情防控之机，涉嫌对商品功能作出虚假商业宣传，发布与抑制冠状病毒有关的虚假广告。执法人员在检查中发现当事人在店内张贴的宣传页上写到：“官方发布，新型冠状病毒防治方案，中成药推荐使用连花清瘟胶囊，唯一说明书中表明可抑制冠状病毒、SARS的药物，药师建议常备两盒，安全度新春”等内容。

在疫情严重的情况下，竟然如此夸大、虚假宣传，行政执法部门分别对药店作出了行政处置。

点评：夸大宣传　多重风险

在没有任何医疗机构或官方部门确认下，医药门店擅自对外宣传夸大其药理作用，误导消费者，其行为构成虚假宣传。该违法行为是否构成虚假广告罪，主要看是否达到情节严重的程度。虚假广告罪属情节犯，不仅要求违法行为违反国家规定，利用虚假广告对商品或服务作虚假宣传；必须达到情节严重的程度才能构成刑事犯罪。所谓情节严重，主要是指多次实施虚假广告行为的；为多人实施虚假广告行为的；虚假广告，违法所得数额较大的；致使多人受骗上当的；造成恶劣影响的；相信广告宣传的内容而接受所宣传的商品、服务，致使生产、经营、生活等造成严重损失或受阻的；导致人身身亡的严重后果的等。

《最高人民检察院、公安部关于公安机关管辖的刑事案件立案追诉标准的规定（二）》第75条明确了刑事立案标准，如果违法情节达不到严重程度不应以虚假广告罪追究刑事责任，将适用民事或者行政处罚措施。

（点评人：胡艳、刘金毅）

（二）刑事合规指引

问：在企业宣传推广活动中哪些行为会触犯刑法？

答：实务中企业宣传推广活动主要通过广告形式，对于广告违法的处罚类型主要是罚款，严重者吊销营业执照。虚假广告构成要件有三：一是广告内容虚假或引人误解，二是产生欺骗、误导消费者的可能性结果，三是广告内容与产生结果之间具有因果关系。当认定一虚假广告满足上述“要件”时，其次应考虑的是“效果”部分。根据广告法第五十五条的规定，裁量幅度要在广告费用三倍到五倍（可计算广告费用时），或二十万到一百万元（无法计算广告费用或明显偏低的）的区间内进行判断。

当广告费用可以计算时，罚款裁量相对容易操作；而当广告费用无法计算时，裁量权的空间不易把握。根据“中间线（最高数额的50%）”原则，可以将大范围的罚款区间切割为三段：二十万元以下，二十万元以上到五十万元以下，五十万元以上到一百万元以下。这三个分段的罚款区间对应着不同程度的广告违法行为，罚款数额越大，违法性与社会影响力越大，致使多人上当受骗，违法所得数额较大或者其他严重情节时会构成虚假广告罪。

问：刑法中对虚假广告罪的相关规定和立案标准？

答：根据刑法第222条规定，虚假广告罪，是指广告主、广告经营者、广告发布者违反国家规定，利用广告对商品或服务作虚假宣传，情节严重的行为。

根据《最高人民检察院、公安部关于公安机关管辖的刑事案件立案追诉标准的规定（二）》（公通字〔2010〕23号）第75条的规定，广告主、广告经营者、广告发布者违反国家规定，利用广告对商品或者服务作虚假宣传，涉嫌下列情形之一的，应予立案追诉：

（1）违法所得数额在十万元以上的。

（2）给单个消费者造成直接经济损失数额在五万元以上的，或者给多个消费者造成直接经济损失数额累计在二十万元以上的。

（3）假借预防、控制突发事件的名义，利用广告作虚假宣传，致使多人上当受骗，违法所得数额在三万元以上的。

（4）虽未达到上述数额标准，但两年内因利用广告作虚假宣传，受过行政处罚二次以上，又利用广告作虚假宣传的。

（5）造成人身伤残的。

（6）其他情节严重的情形。

问：在本次新冠肺炎疫情期间国家有哪些规范打击宣传推广活动中的违法犯罪行为？

答："两高""两部"在2020年2月10日联合印发《关于依法惩治妨害新型冠状病毒感染肺炎疫情防控违法犯罪的意见》的通知。通知称，借疫情防控名义虚假宣传商品以虚假广告罪定罪。

而且明确，在疫情防控期间，违反国家规定，假借疫情防控的名义，利用广告对所推销的商品或者服务作虚假宣传，致使多人上当受骗，违法所得数额较大或者有其他严重情节的，依照刑法第222条的规定，以虚假广告罪定罪处罚。

（三）刑事合规计划制定要点

企业应当从以下方面制定合规计划，以防控刑事风险：

（1）企业应建立风险管理和应急处置的机制，在重要时间节点之前做好舆情风险评估工作，实时加强对各类突发情况的监测和预警，从源头发现问题，及时解决问题。

（2）企业都应当坚守诚信经营的原则和底线，发布的广告应当真实、合法，以健康的表现形式表达广告内容。商品的性能、功能、产地、用途、质量、规格、成份、价格、生产者、有效期限、销售状况、曾获荣誉等信息，或者服务的内容、提供者、形式、质量、价格、销售状况、曾获荣誉等信息，以及与商品或者服务有关的允诺等信息应与实际情况相符。

（3）企业多部门协同分工，建立合理的广告内容筛选与审核流程，树立风险意识，明确职责，守好各自领域，同时加强协作与配合，共同规范和管理使其健康发展。建立行政单位政策信息监测机制，及时了解相关监测的风向。

（4）将情形较为严重的虚假广告行为纳入刑法规制的范畴，对维持社会主义市场经济秩序具有极其重要的意义。当然，作为一种旨在引起人们强烈关注的信息传播方式，其或多或少都会带有一些夸张的效果，正如人们日常所称“广告就是合法的欺诈”。若行为人发布的广告超出一般人的合理认知与判断，引发了一系列不良的社会后果，则应按照刑法第 222 条之规定，依法追究行为人的刑事责任。

（5）利用微信朋友圈进行产品销售及宣传时，万不能随意在自己的朋友圈内转发虚假产品广告，否则会触犯相关法律规定。同时建议广大消费者在浏览微商商品时，仔细甄别产品性能，不要轻易相信厂家、产品提供方的广告宣传语。

（本章撰写人：吾采灵、陈福牛、胡艳、刘金毅）

第九章

网络经营行为的刑事合规

一、互联网企业的刑事合规

随着信息技术的快速发展和在经济社会生活中的广泛应用，网络在给人们生活带来巨大便利的同时，网络安全问题也日益突出。为加强和规范网络安全技术防范工作，保障网络系统安全和网络信息安全，有关法律、行政法规对网络服务提供者规定了必要的网络安全管理义务。实践中，网络服务提供者多数为互联网企业，现行法律、行政法规对互联网企业的安全管理义务都有明确具体的规定，只有互联网企业切实履行法律、行政法规赋予的安全管理义务，网络安全才能够真正落到实处。

（一）刑事合规点评

帮人“翻墙”获利　拒不整改获刑
——胡某涉嫌拒不履行信息网络安全管理义务罪

2015年7月至2016年12月30日间，上海市胡某为非法牟利，租用国内、国外服务器，自行制作并出租“土行孙”“四十二”翻墙软件，为境内2000余名网络用户非法提供境外互联网接入服务。期间，上海市警方先后两次约谈胡某，要求其停止联网服务。

2016年10月20日，警方对胡某利用某有限公司擅自建立其他信道进行国际联网的行为，作出责令停止联网、警告并处罚款1.5万元，没收违法所得4万余元的行政处罚。

对此，胡某拒不改正，继续出租“土行孙”翻墙软件，违法所得共计23.6万余元。经鉴定，“土行孙”翻墙软件采用了gotunnel程序，可以实现代理功能，适用本地计算机通过境外代理服务器访问境外网站。

2018年9月11日，上海市浦东新区人民法院一审判决认定胡某的行为已构成拒不履行信息网络安全管理义务罪，对其判处拘役六个月，缓期六个月执行，并处罚金3万元。

点评：技术可能“中立”，但提供技术的人必须有立场

很多经营平台的互联网企业，特别是技术含量比较高的，总有一种“技术中立”“技术无罪”的执念，殊不知这种偷换概念的辩解在当年的“快播”案中行不通，在今时今日更是行不通。因为网络安全关乎国家安全，作为网络经营者的互联网企业，必须有主动监管的坚定立场，而不能打“技术中立”的擦边球。

2015年刑法修正案增加了拒不履行信息网络安全管理义务罪，可以说这是专为互联网企业下的一道紧箍咒，要求互联网企业必须遵守监管部门的规定维护网络安全，特别是经监管部门责令改正时要立即改正，否则将会面临刑事风险。

针对这次疫情，司法机关明确提出网络服务提供者不履行法律、行政法规规定的信息网络安全管理义务，经监管部门责令采取改正措施而拒不改正，致使虚假疫情信息或者其他违法信息大量传播的，以拒不履行信息网络安全管理义务罪定罪处罚。疫情期间谣言满天飞，有些谣言可能是善意的，但有些谣言的传播可能会造成严重恐慌甚至危害国家安全，作为网络服务提供者，互联网企业责无旁贷，得认真识别、谨慎传播、拒绝传谣、主动配合，只有如此才能避开刑事风险。

（点评人：易怀炯）

用户信息泄露　平台难辞其咎
——申某、李某、余某涉嫌侵犯公民个人信息案

申某、李某分别为北京某知名互联网招聘公司的销售员和客服，余某为另一家科技公司的员工。该招聘公司对外销售简历的官方报价是50元/份。销售员申某发现了公司的程序漏洞：正常情况下，客户购买简历后凭密码到公司网站上自行提取，提取完毕后客户账户内的数据为0，但要和客服确认是否使用完毕。如果客服回复没有使用完毕，数据又回复初始的定量，则申某可以将这些新生成的简历私卖给其他人获利。利用这个漏洞需要客服的配合，李某在申某的劝说下答应配合。

经审理查明，2016年3月至10月间，申某、李某利用公司系统漏洞，私自将公司的155673条个人简历信息非法出售或提供给他人。其中，余某非法获取其中的108543条。

一审法院以侵犯公民个人信息罪，判处申某、李某有期徒刑三年六个月，判处余某有期徒刑一年六个月。二审法院维持原判。虽然这次信息泄露是员工个人行为，但也给该公司造成了较大的负面影响，公司的制度漏洞也备受批评。

点评：谨防泄露用户信息　企业应当做好保密

互联网企业是用户信息泄露的重灾区。2019 年 Facebook 因 8700 万用户信息泄露被美国联邦贸易委员会（FTC）罚了 50 亿美金，创下了处罚金额的最高记录。在国内，也有一大批知名互联网企业卷入用户信息泄露风波。这些泄露事件当中，大部分是被黑客攻击或者员工个人行为所致，比如上述这个案例，最后涉事员工锒铛入狱。

但是，企业就没有责任吗？当然不是。保护用户信息是互联网企业的法定义务，如保护不当可能面临警告、责令限期整改、公开曝光、责令暂停相关业务、停业整顿、关闭网站、吊销相关业务许可证、吊销营业执照等行政处罚。构成犯罪的，依法追究刑事责任。

疫情期间，网上不时流传涉疫个人信息，其中不乏姓名、身份证号码、电话号码、家庭住址等敏感信息，这些行为极易触犯合规底线，涉嫌侵犯公民个人信息权利。因疫情防控需要收集个人信息应严格遵循合法、正当、必要三原则，对收集的个人信息不得用于其他用途，不得通过网络向社会公开。对于互联网平台来讲，应该做到不主动收集、不违法提供、不给不法分子可乘之机。如果不可避免要传播，要进行脱敏处理。只有做到这些，才能最大限度降低平台的信息泄露风险。

（点评人：易怀炯）

电信诈骗频发　支付为虎作伥
——赵某涉嫌帮助信息网络犯罪活动罪

浙江省赵某经营的某网络科技有限公司的主营业务，为第三方支付公司网络支付接口代理。赵某在明知申请支付接口需要提供商户营业执照、法人身份证等五证信息和网络商城备案域名，且明知非法代理的网络支付接口可能被用于犯罪资金走账和洗钱的情况下，仍通过事先购买的企业五证信息和假域名备案在第三方公司申请支付账号，以每个账号收取 2000 至 3500 元不等的接口费将账号卖给他人，并收取该账号入金金额千分之三左右的分润。

2016年11月，被害人被骗600万元。其中，被骗资金50万元经他人账户后转入在第三方某股份有限公司开户的某贸易有限公司商户账号内流转，该商户账号由赵某通过上述方式代理。

赵某明知他人利用信息网络实施犯罪，仍为对方实施犯罪提供了支付结算的帮助。最终，法院认定赵某构成帮助信息网络犯罪活动罪，依法对其判处有期徒刑七个月，并处罚金3000元。

点评："第四方支付"是刑事风险高发领域

近年来电信诈骗的套路越来越深、危害越来越大，被害人有的倾家荡产，有的家破人亡。而电信诈骗之所以套路深，是因为犯罪链条极其复杂，其中支付环节就是一个必不可少的独立环节。出问题的也往往不是持牌的第三方支付公司，更多的是为第三方支付提供代理的互联网企业，俗称"第四方支付"。

由于国内第三方支付行业的竞争非常激烈，传统正规的支付费率又很低，很多公司就铤而走险，瞄上了那些利润高的灰色地带。即便这些公司不清楚客户具体是做什么的，但也大概知道他们是做一些非正常的或者说是违法的业务，不然的话报酬不会这么高，而且往往还要配合作假。因此，针对这种为虎作伥行为，刑法专门设置了帮助信息网络犯罪活动罪予以打击。

疫情期间，如果明知上游利用信息网络实施诈骗、哄抬物价、造谣传谣、制假售假等犯罪活动，还为其提供互联网接入、服务器托管、网络存储、通讯传输等技术支持，或者提供广告推广、支付结算等帮助的，就很可能触犯刑事红线。

（点评人：易怀炯）

（二）刑事合规指引

问：电商平台如果发现有店铺销售质量差的口罩、护目镜、防护服等医用器材，却又不采取必要措施的，会受到什么处罚？

答：由市场监督管理部门责令限期改正，可以处五至五十万元罚款；情节严重的，责令停业整顿，并处50万至200万元罚款。

问：设立用于实施违法活动的网站、通讯群组，或者利用网络发布哄抬价格、诈骗等违法活动的信息，但又达不到刑事立案标准的，会受到什么处罚？

答：由公安机关处5日以下拘留，可以并处1万元以上10万元以下罚款；情节较重的，处5日以上15日以下拘留，可以并处5万至50万元罚款。同时关闭用于实施违法犯罪活动的网站、通讯群组。

问：互联网平台对用户造谣传谣行为不加以制止，且造成比较严重后果的，可能会承担什么样的责任？

答：有关主管部门会以书面文件的形式要求互联网平台改正违法行为，给予警告，没收违法所得；拒不改正或者情节严重的，处10万元以上50万元以下罚款，并可以责令暂停相关业务、停业整顿、关闭网站、吊销相关业务许可证或者吊销营业执照，对直接负责的主管人员和其他直接责任人员处1万元以上10万元以下罚款。

问：监管部门要求互联网平台对违规信息进行采取停止传输、消除等处置措施，而平台未按要求采取措施的，可能会承担什么样的责任？

答：有关主管部门会以书面文件的形式要求互联网平台改正违法行为；拒不改正或者情节严重的，处5万元以上50万元以下罚款，对直接负责的主管人员和其他直接责任人员，处1万元以上10万元以下罚款。

问：互联网企业的上述违规行为，会构成犯罪吗？

答：如果情节严重，可能构成拒不履行信息网络安全管理义务罪、非法利用信息网络罪、帮助信息网络犯罪活动罪等犯罪。

问：如何界定拒不履行信息网络安全管理义务罪？

答：是指网络服务提供者不履行法律、行政法规规定的信息网络安全管理义务，经监管部门责令采取改正措施而拒不改正，致使违法信息大量传播的，或致使用户信息泄露，造成严重后果的，又或是致使刑事案件证据灭失，情节严重的行为，以及其他严重情节的行为。

问："网络服务提供者"指的是哪些人？

答：是指提供下列服务的单位和个人：

（1）网络接入、域名注册解析等信息网络接入、计算、存储、传输服务。

（2）信息发布、搜索引擎、即时通讯、网络支付、网络预约、网络购物、网络游戏、网络直播、网站建设、安全防护、广告推广、应用商店等信息网络应用服务。

（3）利用信息网络提供的电子政务、通信、能源、交通、水利、金融、教育、医疗等公共服务。

问："监管部门责令采取改正措施"指的是哪些措施？

答：是指网信、电信、公安等依照法律、行政法规的规定承担信息网络安全监管职责的部门，以责令整改通知书或者其他文书形式，责令网络服务提供者采取改正措施。

问："致使违法信息大量传播"指的是哪些情形？

答：是指下列情形之一：

（1）致使传播违法视频文件200个以上的。

（2）致使传播违法视频文件以外的其他违法信息二千个以上的。

（3）致使传播违法信息，数量虽未达到第一项、第二项规定标准，但是按相应比例折算合计达到有关数量标准的。

（4）致使向二千个以上用户账号传播违法信息的。

（5）致使利用群组成员账号数累计三千以上的通讯群组或者关注人员账号数累计三万以上的社交网络传播违法信息的。

（6）致使违法信息实际被点击数达到五万以上的。

（7）其他致使违法信息大量传播的情形。

问：“造成严重后果”是指哪些后果？

答：是指下列情形之一：

（1）致使泄露行踪轨迹信息、通信内容、征信信息、财产信息500条以上的。

（2）致使泄露住宿信息、通信记录、健康生理信息、交易信息等其他可能影响人身、财产安全的用户信息五千条以上的。

（3）致使泄露第一项、第二项规定以外的用户信息五万条以上的。

（4）数量虽未达到第一项至第三项规定标准，但是按相应比例折算合计达到有关数量标准的。

（5）造成他人死亡、重伤、精神失常或者被绑架等严重后果的。

（6）造成重大经济损失的。

（7）严重扰乱社会秩序的。

（8）造成其他严重后果的。

问：“致使刑事案件证据灭失，情节严重”是指哪些情形？

答：是指下列情形之一：

(1)造成危害国家安全犯罪、恐怖活动犯罪、黑社会性质组织犯罪、贪污贿赂犯罪案件的证据灭失的。

（2）造成可能判处五年有期徒刑以上刑罚犯罪案件的证据灭失的。

（3）多次造成刑事案件证据灭失的。

（4）致使刑事诉讼程序受到严重影响的。

（5）其他情节严重的情形。

问：互联网平台还有哪些行为可能构成拒不履行信息网络安全管理义务罪？

答：（1）对绝大多数用户日志未留存或者未落实真实身份信息认证义务的。

（2）二年内经多次责令改正拒不改正的。

（3）致使信息网络服务被主要用于违法犯罪的。

（4）致使信息网络服务、网络设施被用于实施网络攻击，严重影响生产、生活的。

（5）致使信息网络服务被用于实施危害国家安全犯罪、恐怖活动犯罪、黑社会性质组织犯罪、贪污贿赂犯罪或者其他重大犯罪的。

（6）致使国家机关或者通信、能源、交通、水利、金融、教育、医疗等领域提供公共服务的信息网络受到破坏，严重影响生产、生活的。

（7）其他严重违反信息网络安全管理义务的情形。

问：如何界定非法利用信息网络罪？

答：是指利用信息网络设立用于实施诈骗、传授犯罪方法、制作或者销售违禁物品、管制物品等违法犯罪活动的网站、通讯群组的，或发布有关制作或者销售毒品、枪支、淫秽物品等违禁物品、管制物品或者其他违法犯罪信息的，或为实施诈骗等违法犯罪活动发布信息的，情节严重的行为。

问：非法利用信息网络罪中的“情节严重”是指哪些情形？

答：是指下列情形之一：

（1）假冒国家机关、金融机构名义，设立用于实施违法犯罪活动的网站的。

（2）设立用于实施违法犯罪活动的网站，数量达到三个以上或者注册账号数累计达到二千以上的。

（3）设立用于实施违法犯罪活动的通讯群组，数量达到五个以上或者群组成员账号数累计达到一千以上的。

（4）发布有关违法犯罪的信息或者为实施违法犯罪活动发布信息，具有下列情形之一的：

①在网站上发布有关信息一百条以上的。

②向二千个以上用户账号发送有关信息的。

③向群组成员数累计达到三千以上的通讯群组发送有关信息的。

④利用关注人员账号数累计达到三万以上的社交网络传播有关信息的。

（5）违法所得一万元以上的。

（6）二年内曾因非法利用信息网络、帮助信息网络犯罪活动、危害计算机信息系统安全受过行政处罚，又非法利用信息网络的。

（7）其他情节严重的情形。

问：如何界定帮助信息网络犯罪活动罪？

答：是指明知他人利用信息网络实施犯罪，为其犯罪提供互联网接入、服务器托管、网络存储、通讯传输等技术支持，或者提供广告推广、支付结算等帮助，情节严重的行为。

问：怎么判断“明知他人利用信息网络实施犯罪”？

答：是指下列情形之一：

（1）经监管部门告知后仍然实施有关行为的。

（2）接到举报后不履行法定管理职责的。

（3）交易价格或者方式明显异常的。

（4）提供专门用于违法犯罪的程序、工具或者其他技术支持、帮助的。

（5）频繁采用隐蔽上网、加密通信、销毁数据等措施或者使用虚假身份，逃避监管或者规避调查的。

（6）为他人逃避监管或者规避调查提供技术支持、帮助的。

（7）其他足以认定行为人明知的情形。但是，如果有相反证据证明，则不能据此认定是“明知他人利用信息网络实施犯罪”。

问：帮助信息网络犯罪活动罪中的“情节严重”指的是哪些情形？

答：是指下列情形之一：

（1）为三个以上对象提供帮助的。

（2）支付结算金额二十万元以上的。

（3）以投放广告等方式提供资金五万元以上的。

（4）违法所得一万元以上的。

（5）二年内曾因非法利用信息网络、帮助信息网络犯罪活动、危害计算机信息系统安全受过行政处罚，又帮助信息网络犯罪活动的。

（6）被帮助对象实施的犯罪造成严重后果的。

（7）其他情节严重的情形。

（三）刑事合规计划制定要点

企业应当从以下方面制定合规计划，防控刑事风险：

（1）建立健全用户信息保护制度，定期进行信息安全体检，以堵塞漏洞。做到用户信息使用权限清晰、单独账号、访问留痕、移动掌控。生产环境与研发环境隔离。与涉密岗位员工签署保密协议，加强员工安全培训和警示教育。建立应急处置机制，在信息泄露时能够快速封禁，防止事态扩大。

（2）电商平台经营者宜组织专业人员，建立平台内经营者入驻制度、平台商品质量制度、平台清退经营者制度、消费者个人信息保护制度、支持消费维权制度、与公安机关联络沟通应急制度等，和相关工作人员的岗位职责。

（3）加强网络技术防控措施，利用关键词监测技术及时识别虚假疫情信息、诈骗信息，煽动分裂国家、破坏国家统一等违法信息，通过技术手段及时阻止违法信息在平台的传播。

（4）设置专门的监管人员或部门负责平台内各类信息的审核，及时发现违法信息并采取相应处置措施。

（5）设置专门的人员或部门负责处理平台内的投诉举报信息，发现有举报、投诉虚假疫情信息、诈骗信息，煽动分裂国家、破坏国家统一等违法信息的，要及时判断、及时处理，涉嫌违法犯罪的移交公安机关依法查处。

（6）安排与网信、电信、公安等监管部门对接的人员，负责及时接收监管部门发布的责令整改通知书等文书，按照监管部门的要求及时采取措施整改，防止违法信息的进一步传播。

（7）加强内部人员的培训与监督，防止内部人员利用企业的网络平台发布诈骗等违法活动信息，或为违法人员提供广告推广、支付结算等网络服务。

（8）若发现企业网络平台出现上述违法犯罪行为，先采取处置措施防止危害后果的进一步加重，并保存相关记录，及时向监管部门报告，配合监管部门的调查。

（9）涉及食品、药品销售的平台经营者要加强对食品、药品价格的监管，发现价格明显高于市场价的、可能涉嫌销售伪劣或不符合标准的医用器材、防护用品的应及时主动介入，必要时对相关商品采取下架处理，涉嫌违法犯罪的移交公安机关依法查处。

（本节撰写人：易怀炯、关万洲）

二、利用平台捐赠的刑事合规

（一）刑事合规点评

黑进他人后台 冒充身份诈骗
——杨某利用红十字会网站诈骗案

“5·12汶川大地震”中，深圳市龙岗区的一间出租屋内，在一台自己组装的电脑上，程序员杨某登录了某市公益机构网站后台。源代码上的漏洞使得整个过程并不困难。获得管理员用户名和密码后，他上传木马程序篡改了网站内容，网站首页飘红着“紧急呼吁：援助四川地震灾区群众！”的通知。募捐通知中载明的账户名为庞某，是杨某用捡到的身份证开办的。

由于被及时发现，并无募捐款项汇至该账号，但因管理员无法正常登录，网站被迫关闭24小时以上，该市向灾区的正常募捐因此中断。后法院以诈骗罪（犯罪未遂）判处杨某有期徒刑二年，罚金5000元。

点评：谨慎管理第三方交易系统

募捐机构应妥善管理各个募捐渠道，确保渠道上各个环节不被他人利用，保证公民捐款能用到合法途径，若被不良分子利用，会对募捐机构的声誉造成不良影响。

开设募捐公益平台的企业应建立专门的合规部门，及时清理和处理不实募集事件。特别需要说明的是，根据电子商务法规定，对关系消费者生命健康的商品或者服务，电子商务平台经营者对平台内经营者的资质资格未尽到审核义务，或者对消费者未尽到安全保障义务，造成消费者损害的，依法承担相应的责任。

（点评人：尹纪为）

（二）刑事合规指引

问：可能与捐赠有关联的罪名有哪些？

答：诈骗罪、贪污罪、职务侵占罪、挪用公款罪、挪用资金罪、挪用特定款物罪。

问：捐赠活动中应当注意什么？

答：（1）开展公开募捐活动应具备相应资质。

（2）捐赠人捐赠相关物资应保证捐赠物资的质量符合国家或行业标准。

（3）慈善组织接受捐赠，应该按照捐赠协议规定的用途使用捐赠财产并向捐赠人公开透明地说明相关捐赠物资的发放、使用情况。

（4）企业进行捐赠时不得对本企业产品进行违法宣传。

（5）政府机关不得作为捐赠的受益对象，但县级以上人民政府及其部门可以作为受捐对象接受捐赠。

问：受赠人变更捐赠物资或财产的用途可能遭受的处罚？

答：（1）行政处罚：责令改正，给予警告；拒不改正的，由相关部门将捐赠财产交付其他单位管理。

（2）刑事责任：对直接责任人员，处三年以下有期徒刑或者拘役；情节特别严重的，处三年以上七年以下有期徒刑。

（三）刑事合规计划制定要点

企业应当从以下方面制定合规计划，以防控刑事风险：

（1）保证捐赠物资质量合格，符合国家和行业标准。捐赠企业在捐赠物资时，应当保证捐赠产品符合生产标准，企业对捐赠产品承担产品质量责任和义务并不因为系无偿捐赠而免除。因此，不得因系捐赠用途，为降低成本，故意生产不符合生产标准的产品。

对于慈善组织在接受捐赠的时候，可以对捐赠物资进行检查，接收的捐赠物资必须由具备相关资质条件的企业生产，并且要求企业捐赠人在捐赠食品、药品、医疗器械等捐赠物品时，提供产品质量认证证明或者产品合格证等相关资料。

（2）不具有公开募捐资格的组织或者个人基于慈善目的，可以与具有公开募捐资格的慈善组织合作，由该慈善组织开展公开募捐并管理募得款物。

在捐赠过程中，企业应该注意：企业不宜直接向政府部门捐赠，应当通过公益性社会团体或非营利事业单位等中介组织进行捐赠，而且企业与中介组织应该对捐赠性质、双方的权利与义务，以及捐赠最终用途或去向等等加以明确。

（3）慈善组织接受捐赠，应该按照捐赠协议规定的用途使用捐赠财产，并向社会公众或者捐赠人快速、全面、真实地披露受捐赠物资的去向，接受监督，同时应向捐赠人开具票据。

慈善组织要做到专款专用，及时将捐赠物资送至疫情防控区，慈善组织工作人员不得利用职务上的便利，侵吞、截留或者以其他手段非法占有用于疫情防控款物，或者挪用上述款物归个人使用。

（4）强化募捐活动监督检查，疫情结束后，政府审计部门应当对捐赠款物的收支情况进行专项审计。

（本章撰稿人：尹纪为、祝影子、李文舒、吴英）

第十章

职务行为的刑事合规

关于企业人员的职务行为主要有《国有企业领导人员廉洁从业若干规定》、《关于建立国有企业违规经营投资责任追究制度的意见》（国办发〔2016〕63号）、《中国共产党纪律处分条例》（2018年修订）、监察法、刑法等规定。国家监察体制改革后，公职人员纪律处分、职务违法、职务犯罪集中由监察委员会查处，党纪处分和职务犯罪无缝衔接，对于如何规范企业人员经营行为提出了更高要求，尤其对于民营企业而言，政商之间如何正当交往已经成为了重要问题。

一、刑事合规点评

投资经营要注意　公私不分会酿祸

——王某挪用资金案

2010年12月16日，被告人王某利用担任甲公司股东、监事，负责公司经营并掌管公司公章的职务便利，以甲公司的名义与乙公司签订借款协议，王某系上述甲公司与乙公司借款协议的担保人。同日，乙公司将300万元借款转入甲公司账户；次日，王某指示公司财务人员将该300万元转入其个人银行账户。此后，王某将该笔钱款用于个人投资、还款和消费。上述借款到期后，王某个人出资代甲公司归还乙公司部分相关款息，至案发尚有264.8万余元未归还甲公司。

最终，王某因犯挪用资金罪，二审被判处有期徒刑三年二个月。

点评：公款私款分不清　责任一定找上门

①企业家应当注意，虽然是以个人名义的借款，但是进入公司账户，已经属于公款。

②企业家应当注意，自己只是公司股东无权直接支配公司公款。

③企业家应当注意，公司的公章不应擅自动用，如果找人私刻公章更可能酿大祸。

④企业家应当注意，对于公司的借款行为，不要个人提供担保，否则费力不讨好，搬起石头砸自己的脚。

民营企业经营管理者应从本案中汲取教训，不仅应该严格区分公司资金与个人资产，更应当对公司资金的使用制定严格准则。避免在当前疫情防控的状态下和今后的生产经营中给自身带来刑事风险。

（点评人：潘燕、冉海龙）

公平竞争靠实力　破坏秩序当受罚

——甲公司及总经理王某涉嫌单位行贿案

被告单位甲公司注册资本1000万元，主要从事房地产开发、物业管理等业务，聘任王某担任公司总经理。2002年5月，公司股东发生股权转让后，依然任命王某为总经理，主要负责公司日常工作和经营管理。

2001年至2003年11月期间，甲公司和担任该公司总经理的被告人王某，为了取得土地用于房地产项目建设以及减免城市建设综合配套费，先后通过赠送现金、低价出售房屋等方式向相关负责人胡某、朱某、张某行贿，行贿数额共计135万余元，获得城市建设综合配套费减免共计440余万元。

法院判决：被告单位甲公司犯单位行贿罪，判处罚金10万元。被告人王某犯单位行贿罪，判处有期徒刑一年六个月。

点评：单位犯罪风险大　个人公司都入刑

本案中，被告人王某为被告公司总经理，其对外履行的职务行为代表了单位，且在向国家工作人员行贿过程中，均以单位名义实施，被告单位也因此未缴纳应承担的相关配套费用，获得了非法利益，虽然案发后单位已全部补交相关费用，但是这属于犯罪完成以后补救行为，仍然构成犯罪。

从合规角度来说企业应当注意以下方面：

①企业法定代表人、分管业务领导应当避免本人直接实施违法犯罪行为或者决定下属直接实施违法犯罪行为。

②企业应当严格控制法定代表人、分管业务领导大额资金或财务签字权力，避免高管犯罪直接带给企业负面影响。

③企业应当建立对外交往规范、明确禁止行贿行为，表明企业反腐决心，避免单位意志不清、员工个人犯罪被认定为单位犯罪。

④企业应制定常态培训制度，时常提醒高管及员工，确保公司反腐要求一以贯之。

⑤国有企业管理人员应当注意，《中国共产党纪律处分条例》规定，即使只是借用管理和服务对象的住房，也可能构成违反廉洁纪律的违纪行为，情节严重的可能受到开除党籍处分。

⑥国有企业管理人员应当注意，即使收受单位的财物也是违纪行为，构成犯罪的，还将被追究受贿罪的刑事责任。

（点评人：潘燕）

履行职务要廉洁　贪念一起毁终生

——王某等涉嫌职务侵占案

2014年9月至2017年4月期间，被告人王某伙同程某等人利用职务便利，通过冒用或虚构某公司员工身份，为他人预定酒店、提供旅游服务、虚设分公司购买机票并收受回扣、串通投标抬高报价并收受回扣、隐瞒事实串通他人多收费等手段侵占公司钱款。其中，王某金额840万元，被告人程某金额188万元，案发后，二人退缴大部分赃款。

法院判决：被告人王某等人犯职务侵占罪，分别判处有期徒刑一年六个月至有期徒刑三年六个月不等；被告人王某退缴的赃款发还被害单位。

点评：人心不足莫轻信　建立机制断贪根

本案中，被告人王某是民营企业的工作人员，其身份不是国家工作人员，因此不构成贪污罪。但是其利用自己在民营企业预定机票、酒店的职务上的便利，将本公司的财产非法占为己有，数额达到6万元以上，构成职务侵占罪。从合规角度来说企业应当注意以下方面：

①企业对于掌管公司利益的雇佣、聘任的员工应当充分关注、加强管理。

②应当与服务外包单位建立常态回访和沟通机制。

③应当建立专门的合规官负责检查上述机制的落实。

④对于离职的员工应先开展合规审计再办理手续。

⑤假设这个王某所在的股份公司是国有企业，则王某作为管理人员利用职务便利，将管理的国有资金或财物非法据为己有，可能构成贪污罪。

（点评人：冉海龙）

职权不是摇钱树　夫妻共贪太糊涂

——王某涉嫌受贿、刘某涉嫌利用影响力受贿案

1992年至2013年，被告人王某利用其担任某公司经理并兼任某局局长的

职务之便，在工程项目、人事任免等方面为他人谋取利益，单独或与其妻刘某共同收受他人贿赂现金168.79万元、皮草等服装价值1万余元，其中，二人共同收受贿赂30万元。

另查明，2012年年初至同年7月，刘某利用其夫王某的职权便利，多次为汤某谋取不正当利益。汤某为感谢刘某的帮助，通过银行转账的方式送给刘某10万元，刘某予以收受。案发后，退缴全部赃款。

法院判决：被告人王某犯受贿罪，判处有期徒刑五年，并处罚金30万元。被告人刘某犯受贿罪，判处有期徒刑一年六个月，并处罚金10万元；被告人刘某犯利用影响力受贿罪，判处有期徒刑八个月，并处罚金5万元，数罪并罚，决定执行有期徒刑一年十个月，并处罚金15万元。

点评：手握职权要谨慎　千金难比家风正

本案中应该关注的要点如下：

①本案中刘某收受30万元过程中，其夫王某并不知情。事后，王某曾经叫妻子刘某归还，但刘某并未归还，王某辩称此30万元不构成犯罪。根据"两高"《关于办理受贿刑事案件适用法律若干问题的意见》（法发〔2007〕2号）规定，国家工作人员收受请托人财物后及时退还或上交的，不构成受贿。但是本案相反，王某作为国家工作人员在得知妻子收受他人30万元贿赂后曾要求刘某退还，但刘某表示不同意，至案发也一直没有退还。因此应当认定受贿犯罪。

②王某的妻子作为国家工作人员的利害关系人，利用丈夫职务形成的便利条件，为汤某谋取不正当利益，收受他人财物，数额较大，其行为构成刑法第388条之——利用影响力受贿罪。

从合规角度来说国企工作人员应当注意以下方面：

①仅仅自己不收受他人财物尚不足以防控身边人带来的刑事风险。权力会发生辐射效应，也会被身边的人利用。国企工作人员的家事不是私事，不仅自己要廉洁家人也要廉洁。国企工作人员在忙于工作的同时还应该关心家庭的事情，对于家里大额财物获得和支出都应心里有数，时刻关注家里人的行为和心

态。

②国有企业管理人员应当注意，《中国共产党纪律处分条例》明确规定，纵容、默许配偶利用党员干部本人职权或职务上的影响谋取私利的是违反廉洁纪律的违纪行为。“管好身边人”是党的纪律对全体党员的要求，党员干部不能仅仅独善其身，更应该管好身边人。

③应当提醒国有企业管理人员的是，党的纪律对党员干部管好身边人的要求近年来不断加强，2018 年修订后的《中国共产党纪律处分条例》将纵容、默许的对象扩展为“配偶、子女及其配偶等亲属、身边工作人员和其他特定关系人”，基本涵盖了党员干部的社交圈子，国有企业管理人员从事的是经济活动，接触往来的人员复杂，必须自觉净化自己的“圈子”。

（点评人：鲁珺江）

党员干部责任大　不能顾己不顾他

——李某违纪违规案

2020 年 1 月 21 日，李某被抽调到疫情严重的某市新冠肺炎疫情防控指挥部，负责疫情信息报送工作。在获悉该市出现一例确诊病例后，李某害怕自己及家人被感染，遂从单位取走个人护照，于 1 月 30 日携家人乘飞机到泰国躲避。期间，李某向单位谎称其母亲和武汉有关人员有接触，自己在老家自行隔离。经多次劝返，李某于 2 月 9 日下午乘飞机从泰国回到市里。

经纪委调查，李某对组织不忠诚不老实，擅离职守、临阵脱逃，严重违反政治纪律、组织纪律，给予其撤职处分，涉及的其他问题在进一步调查中。

点评：关键时候不担当　党纪处分跑不掉

①党员干部无论是国家机关工作人员，或国有企业员工，都应严格遵守《中国共产党纪律处分条例》的规定。

②同时违反了两条以上纪律的将会按照《中国共产党纪律处分条例》规定

受到最高一档处分。

③受到纪律处分的会引发对其他问题的调查，由此可能产生对职务犯罪的立案调查。

④党员干部都应当注意出国出境必须按照有关规定进行汇报审批，疫情等特殊时期更应该严格遵守。否则，撤职处分降临之日，也就是个人政治生涯完结之时。

（点评人：冉海龙）

二、刑事合规指引

问：当前，哪些国家机关工作人员、国有企业管理人员、民营企业经营管理人员面临较高的刑事合规风险？

答：（1）负有组织、协调、指挥、灾害调查、控制、医疗救治、信息传递、交通运输、物资保障等职责的国家工作人员；（2）从事实验、保藏、携带、运输传染病菌种、毒种的人员；（3）管理用于防控新型冠状病毒感染肺炎的款物的国家工作人员或国有企业的人员。

问：国有企业管理人员、民营企业经营管理人员面临着哪些方面的刑事风险？

答：国有企业管理人员面临的刑事风险，除了刑事追诉风险之外，还有纪检监察风险。

问：国家机关工作人员、国有企业管理人员面临的纪检监察风险是指什么？

答：纪检监察风险是指，因受到纪检监察机关的纪律审查或职务违法调查而受到纪律处分或政务处分的风险。

问：为什么国有企业管理人员应当警惕纪律处分风险？

答：依据《中国共产党纪律处分条例》的规定，中共党员受到警告、严重警告处分，在一年至一年六个月以内，不得在党内提升职务和向党外组织推荐担任高于其原任职务的党外职务。

即使只是受到警告的纪律处分，也将对本人的政治生涯产生较大的影响，因此国家机关工作人员、国有企业管理人员在疫情期间应当注意不要触犯纪律处分红线，避免纪律处分风险。

问：国有企业管理人员、民营企业经营管理人员在当前疫情防控中的哪些行为面临较高的刑事追诉风险？

答：最高人民法院、最高人民检察院、公安部、司法部联合发布的《关于依法惩治妨害新型冠状病毒感染肺炎疫情防控违法犯罪的意见》中，提出了严惩疫情防控失职渎职、贪污挪用犯罪的意见，因此应关注下列行为：

（1）滥用职权或者玩忽职守，致使公共财产、国家和人民利益遭受重大损失的；（2）严重不负责任，不履行或者不认真履行防治监管职责，导致新型冠状病毒感染肺炎传播或者流行的行为；（3）违反国务院卫生行政部门的有关规定，造成新型冠状病毒毒种扩散的行为；（4）利用职务便利，侵吞、截留或者以其他手段非法占有或者挪用用于防控新型冠状病毒感染肺炎款物的行为。

问：刑法对于职务犯罪的入罪标准是什么？

答：职务犯罪的罪名比较多，其中高发的罪名是：受贿罪（刑法第 385 条），一般是三万元；行贿罪（刑法第 389 条），一般是三万元；职务侵占罪（刑法第 271 条），一般是六万元。

问：民营企业不是公职人员，监察委是否管不着？

答：监察法第 22 条第 2 款规定：对涉嫌行贿犯罪或者共同职务犯罪的涉案人员，监察机关可以依照前款规定采取留置措施。因此，对于不具备职务的行贿人、公职人员家属是可以留置的。

问：商业往来会不会构成行贿罪？

答：在经济往来中，违反国家规定，给予国家工作人员以财物，数额较大的，或者违反国家规定，给予国家工作人员以各种名义的回扣、手续费的，以行贿论处。

问：行贿人应该怎么配合调查？

答：行贿人在被追诉前主动交待行贿行为的，可以从轻或者减轻处罚。其中，犯罪较轻的，对侦破重大案件起关键作用的，或者有重大立功表现的，可以减轻或者免除处罚。

问：职务犯罪中单位可能成立哪些犯罪？

答：高发的罪名有私分国有资产罪、单位受贿罪、单位行贿罪等。

问：单位犯罪处罚哪些人？

答：一般情况下，单位犯罪不仅对单位处以罚金，还会对单位的直接负责的主管人员和其他直接责任人员判处有期徒刑。

问：挪用公款罪的“归个人使用”是什么意思？

答：本罪中所指的“归个人使用”，不仅包括犯罪人本人使用，也包括将挪用的款物供亲友或其他人、其他单位使用的行为，同时，个人决定以单位名义将公款供其他单位使用，谋取个人利益的行为，也属于本罪规定的“归个人使用”的情形。

问：哪些情形会被追究挪用公款罪？

答：挪用公款归个人使用，进行营利活动或者超过三个月未还，数额在五万元以上，可能会被追究刑事责任。

问：借钱给其他单位使用是否构成挪用公款罪？

答：根据法律规定，如果是“个人决定，以单位名义将公款挪用给其他单位使用，谋取个人利益的”仍然成立挪用公款的犯罪行为。

三、刑事合规计划制定要点

企业应当从以下方面制定合规计划，以防控刑事风险：

（1）企业高管可根据自身岗位职责，梳理责任清单，判断自身面临纪律处分风险时的责任类型，提前确认自身被认定为直接责任者或主要领导责任者或重要领导责任者时将要承担的责任，同时也便于根据自身担负的责任履职尽责。

（2）重视上级命令，建立重点工作专属收文台账，对中央和各上级单位发布的通知、命令、决策、部署做好收集，避免在执行中违反政治纪律或工作纪律。

（3）对业务管理范围内的疫情防控款物进行梳理，建立相应管理机制和台账，避免重点款物管理混乱造成风险。

（4）企业应当对企业制度进行合规性审查（是否符合党纪政纪、法律法规）及修订完善。

（5）企业应当对日常经营和“三重一大”事项进行刑事合规论证，

防范业务开展和项目进行中的刑事风险。

（6）建立法治课程培训的经常性机制，完善法治培训档案，对高风险的岗位及人员增加培训频次。

（本章撰写人：冉海龙）

第十一章

刑事合规怎么做

一、企业合规应具有预防刑事风险内涵

（一）预防“犯罪”与“被侵害”都应是企业合规的内涵

我国的企业合规管理，是指以有效防控合规风险为目的，以企业和员工经营管理行为为对象，开展包括制度制定、风险识别、合规审查、风险应对、责任追究、考核评价、合规培训等有组织、有计划的管理活动。

企业合规风险，是指企业及其员工因不合规行为，引发法律责任、受到相关处罚、造成经济或声誉损失以及其他负面影响的可能性。[①]企业合规计划是指“用于预防、发现和制止企业违法犯罪行为的内控机制”。[②]

相较于主动犯罪而言，更多的风险在于企业“被他人犯罪”，成为被害人的情况。为了防止犯罪和被犯罪侵害，这种底线合规风险的

①《中央企业合规管理指引（试行）》（国资发法规〔2018〕106号）规定第2条第3、4款。

② 万方：《企业合规刑事化的发展及启示》，载《中国刑事法杂志》2019年第2期。

内控机制，使得企业合规都暗含着对刑法理念和规则的遵循。

（二）如何使合规计划具有预防效果

以预防行贿和受贿犯罪为例，企业在合规管理过程中应注意以下方面：

（1）以行政监管规定、刑事规定为红线，总结刑事合规指引，制定符合企业自身特征的内部道德准则。公司需要将禁止行贿作为员工守则，并奖励这样的员工。在2019年，多家互联网企业相继爆出贪腐事件，包括360、美团、百度等公司，存在高管人员利用职务便利收受供应商贿赂，可能构成非国家工作人员受贿罪，均已经由公司内部调查，移交给了国家司法机关调查处理。在繁杂的商业流程中，企业应当建立有效制度，尽可能避免商业贿赂的出现。

（2）以行政监管规定、刑事规定为红线，总结刑事合规指引，在市场销售流程上制定专门的公司制度。这里就需要考虑两级红线，一级是市场监督管理红线，二级是刑事追诉红线。例如，以经济活动中常见的回扣、手续费为例，《反不正当竞争法》第7条规定："经营者在交易活动中，可以以明示方式向交易相对方支付折扣，或者向中间人支付佣金。"回扣和手续费在某些情况下，可能被视为反不正当竞争的行为，甚至会构成行贿罪。因此，公司制定对外签订合同制度时，应当为销售负责人设定"禁止账外暗中收受回扣"的限制，避免触碰一级红线。

（3）为了保证上述制度的落实，公司还应当单独设立合规官的岗位，来监督上述制度的实施。合规官在履职过程中直接受公司主要负责人管理，不受其他人意见左右。

（4）为了让合规官有序履行上述职责，公司还应当制定一套完备的制度，与原有的制度相结合，保证合规官可以日常检查、临时抽查有关的工作流程。

（5）公司还需要制定刑事风险调查与应对机制，包括企业的内部报告和信息采集制度，对被报告违规行为的调查制度，保护举报人的举报程序，以及对违反行为守则或道德准则的内部调查程序和制裁措施等。以便在上述情况发生后，合规官及时开展调查并及时制止公司声誉受损。

然而，合规计划包含内容广泛，应该如何切入开展呢？下面我们来具体谈谈合规计划在企业合规当中的运用。

二、合规体检——增强刑事风险“免疫力”

公司可确定1到2个刑事风险高发的业务领域以及调查时间段，根据企业刑事风险防控的需要将刑事合规风险行为做量化评估，对刑事风险进行识别。本活动可以半年或者一年检查一次。

（一）合规体检具体流程

确定体检范围，收集组织架构，收集经营或者工作范围，收集出资情况，识别固有刑事风险，收集民事、刑事、行政三类案件，搜集岗位职责和工作流程，分析潜在刑事风险，收集岗位职责对应的制度规定，搜集工作流程对应的制度规定，对员工进行相关的访谈、问卷调查，建立合规体系。打造刑事风控系列的课件，开展培训，引导部门建立完成合规管理体系，制作合规手册，提出合规建议，最后进行评估和检查。主要包括以下内容：

（1）根据企业的营业执照、出资情况文件等资料，分析企业部门在刑法、监察法、行政监管等法律法规上的性质，可能存在的刑事风险及合规行为指引。

（2）根据内设机构组织架构和各部门职能、各部门会议记录、议事规则等文件，分析企业及内设机构在议事规则上是否存在刑法、行政监管法规等单位犯罪风险并提出合规行为指引。

（3）根据人员岗位、人员档案等文件，分析企业人员在刑法、监察法等法律上属于什么身份的人员，在刑法上拥有什么职务便利，是否存在刑事风险及合规行为指引。

（4）根据企业工作制度（包括业务制度、劳动人事制度、费用报销制度、财务管理制度）、工作档案等分析企业在权力运行过程中是否存在法律上的刑事风险及合规行为指引。

（5）根据上级监管机构文件，分析企业在运行过程中有哪些监管要求，这些监管要求与刑法、监察法等法律法规的衔接部分有哪些，提示企业部门是否注意在刑法条文之外的刑事风险及合规行为指引。

（6）根据确定的调查时间段分析企业近年的工作信息、工作总结等，分析企业一般工作方法、工作规律、工作思路，检查其中是否存在法律上的刑事风险及合规行为指引。

（7）根据与企业关联的大额交易对象情况，分析企业是否存在关联刑事合规风险。

（8）根据本企业或者同行业的历史案例（包括刑事、民事、行政、生产、销售、网络、融资、品牌、市场宣传、劳动、税务、工商、上级监管），提示企业可能存在的刑事合规风险。

以上分析完毕后形成具体的刑事合规体检报告，报企业决策机构参考。

（二）合规体检的作用

刑事合规体检可以有效化解恶意举报。据中央纪委国家监察委网站公布，2018 年，全国纪检监察机关共接受信访举报 344 万件次，立案 63.8 万件；[①]2019 年，全国纪检监察机关共接受信访举报 329.4 万件次，立案 61.9 万件。[②]在举报和立案的差额数中，不乏恶意举报存在。

例如，在某案件中，上级主管部门接到举报称，某市属国有企业在用工招聘、费用报销、公务用车上存在问题。上级主管部门介入调查的同时，责令该企业对相关制度进行完善和整改。随后，该国有企业立即开展刑事合规体检，分成业务组、人事薪酬组、费用报销三个工作小组，对企业 14 项制度进行全面梳理。梳理发现，该公司费用报销、用工问题并没有违反相关规定；用车问题违反了上级有关规定。其根本原因分析如下：

（1）对公司高管超标接待。审查发现该企业制定的费用报销制度标准是每人 100 元，但是该制度严重不符合当前工作需要，且远远低于所在省下发的《国有企业负责人履职待遇业务支出管理暂行办法》每人 450 元的标准。

（2）对公司董事长兼总经理招聘员工进行审查。审查发现该企业公司章程中明确规定了总经理有权对管理层以外的员工聘任或者解聘，但是该企业自己制定的人事制度又规定招聘员工需要制定招聘计划，

① 中央纪委国家监委网站：《中央纪委国家监委通报 2018 年全国纪检监察机关监督检查、审查调查情况》，2019 年 1 月 9 日发布，载中央纪委国家监委网站 http://www.ccdi.gov.cn/toutiao/201901/t20190108_186570.html，最后访问日期 2020 年 2 月 19 日。

② 中央纪委国家监委网站：《中央纪委国家监委通报 2019 年全国纪检监察机关监督检查、审查调查情况》，2020 年 1 月 17 日发布，载中央纪委国家监委网站 http://fanfu.people.com.cn/n1/2020/0117/c64371-31552630.html，最后访问日期 2020 年 2 月 19 日。

二者存在冲突，举报者依据公司人事制度对公司董事长进行了举报。

（3）对公司高管私车公养进行审查。审查发现该企业费用报销制度规定，高管用车据实报销。此项规定与上级相关规定明显相悖，产生了私车公养的问题。

根据上述情况，这家企业制定了刑事合规体检报告，查找出了问题，澄清了不实举报，因为及时澄清，该公司领导只受到了诫勉谈话处理，未受处分。此外，针对体检过程中发现的问题，公司及时修订了内部管理制度。

三、合规审查——降低刑事风险概率

（一）合规审查的特点

合规审查是在重大合同、重大投资并购等项目过程中，引入专业人员对决策流程、决策事项是否符合相关监管法律规定进行审查。在合规审查中关注的不仅仅是合同或者交易的价款、违约金、履行地点、履行期限等问题，还关注决策事项、决策程序是否符合相关监管的规定。例如，是否违反刑事法律相关规定，是否违反上级行政部门主管相关规定，是否违背反不正当竞争法规定，是否违反国资委关于投资决策的规定，是否违反国有资产处置办法等相关规定。

（二）合规审查的作用

合规审查能够有效避免企业重要经营活动出现决策偏差。例如，某国有集团企业计划转让0.01%的股份给武汉某公司，经办人员想当然地拟写了请示报告给上级集团公司，主要内容是：请示将我公司持有的某公司股份0.01%转让给武汉某公司。报告经公司党委会和董事会通过后提交上级集团公司，上级集团公司召开党委会和董事会研究，同意并批复了转让报告。

但是，公司在进行合规审查时，发现这是一个国有资产转让行为，这个转让行为在审核权方面出现了严重问题，违反了《国有资产交易监督管理办法》第13条的规定，两级集团公司的做法至少涉及三个方面违法：一是信息没有公开之前就已经确定了受让方；二是没有通过法定平台进行信息公开；三是没有遵循20天公示的要求。上述行为一旦造成国有资产被低价折股的后果，此违规行为极有可能导致签字的领导有牢狱之灾。于是公司在专业人士的帮助下依法依规完善相关程序，解决和化解了潜在风险。

四、刑事风险调查与处理——控制刑事风险蔓延

（一）刑事风险自主调查

借鉴阿里巴巴和京东等知名互联网企业纷纷建立内部反腐体系的经验，企业都应当建立自己的反腐败、反舞弊体系，以便在内部出现犯罪风险预警的情况下，可以自主调查；在已经发生犯罪的情况下，可以积极配合调查、配合整改，避免因为下属刑事犯罪、管理人员疏于职守或者帮助掩盖而被追责问责，甚至使企业承担单位犯罪的责任，这也是企业走向国际化趋势的必然要求。

（二）刑事风险自主处理

借鉴腾讯等企业建立安全部的经验，企业也应当建立自己的安全体系，在受到外部犯罪侵犯时，拿起法律的武器，协助司法机关打击犯罪，避免企业资产遭受巨大损失。如，某私营企业因为在与他人合作的过程中，知名品牌被犯罪分子利用作为组织领导传销活动罪的工具。因为涉及刑事案件，企业的经营资金被冻结近亿元。公司刑事危

机调查与处理经过走访、调研，了解到高管和职工并没有涉嫌传销犯罪，及时搜集了相关的账目流水，对相关的数额进行梳理，向司法机关提出解除冻结以及保护企业品牌的请求，获得司法机关的支持。

五、合规顾问服务——增强刑事风险意识

（一）合规顾问的特点

合规顾问服务是在传统的法律顾问基础服务之上更进一步的法律服务类型，既可以与传统法律顾问相结合，又可以独立于传统的法律顾问而存在。其中包括：

（1）对企业制度进行合规性审查，包括是否符合党纪、政纪、法律法规等。

（2）对企业制度的合规性持续跟踪、评估、再完善。

（3）从制度上防范企业内部人员的职务违法和犯罪行为。

（4）对企业日常生产经营行为进行合规咨询。

（5）每年开展 1-2 次刑事风险防控培训。

（6）参与企业“三重一大”事项合规性论证。

（7）日常帮助企业建立合规管理体系。

（8）对侵犯公司权益涉嫌犯罪的行为申诉控告。

（9）对社会发布企业年度合规报告，提升企业公信力。

（二）合规顾问的作用

（1）帮助企业建立自己的举报体系。

（2）帮助企业修订完善各项制度。

（3）帮助企业持续开展合规培训（刑事风险防范、财税风险防范、人事风险防范、知识产权风险防范等）。同时，根据不同人员，还可

以开展决策层的刑事风险、中层管理者的刑事风险、企业员工刑事风险等的培训。从实践看，进行刑事风险与刑事合规的讲座，普遍受到国有企业和民营企业的欢迎。

这一整套制度下来，是不是感觉合规官工作有些像过去“保卫处”干的事儿，又有点像“法规处”干的活儿，还有点像董事长的“亲卫队”？其实，在企业做合规官很不容易，既要保证企业经营目标实现又要保证企业制度执行，一不小心遇到主要负责人涉嫌刑事犯罪的，合规官可能还被认为履职不严而被处理，甚至可能还会成为共犯。所以，通常合规官都会借助外部专业力量一起来完成合规，这也是近年来，合规在企业界和律师界的实务探索非常多的原因。

（本章撰写人：潘燕）

第十二章

让合规计划成为保护企业的利器

一、中央关于保护企业发展相关政策

2018 年 11 月 1 日，习近平总书记在民营企业座谈会上发表重要讲话强调，要充分肯定我国民营经济的重要地位和作用，正确认识当前民营经济发展遇到的困难和问题，大力支持民营企业发展壮大。同时提出了六个方面政策举措：减轻企业税费负担、解决民营企业融资难融资贵问题、营造公平竞争环境、完善政策执行方式、构建亲清新型政商关系、保护企业家人身和财产安全。

2018 年 11 月 8 日，国务院办公厅发布《关于聚焦企业关切进一步推动优化营商环境政策落实的通知》，以降低企业负担，推动缓解中小微企业融资难融资等问题。

2019年12月4日，中共中央国务院发布了《关于营造更好发展环境支持民营企业改革发展的意见》，重点突出“七个着力”来支持民营企业改革发展。

2019年9月12日，国家发展改革委发布了《关于建立健全企业家参与涉企政策制定机制的实施意见》提出，根据企业的痛点难点有针对性地研究提出政策措施。

2020年1月1日，《优化营商环境条例》正式施行，明确通过法治化手段持续优化营商环境，最大限度激发微观主体创业创新创造的活力，对于稳定经济增长、促进就业具有重要意义。

二、司法机关对于企业发展保护司法状况

最高人民法院下发《关于充分发挥审判职能作用为企业家创新创业营造良好法治环境的通知》，要求各级人民法院充分发挥审判职能作用，依法平等保护企业家合法权益，为企业家创新创业营造良好法治环境。

最高人民检察院先后下发了《关于充分发挥职能作用营造保护企业家合法权益的法治环境支持企业家创新创业的通知》《关于充分发挥职能作用营造保护企业家合法权益的法治环境支持企业家创新创业的通知》《最高检关于充分发挥检察职能依法保障和促进非公有制经济健康发展的意见》《最高人民检察院关于充分履行检察职能加强产权司法保护的意见》，要求各级检察机关紧密结合检察工作实际，综合发挥打击、预防、监督、教育、保护等检察职能，为企业家健康成长和事业发展营造宽松法治环境。

公安部部长赵克志在公安部党委（扩大）会议上强调“要强化工作举措，细化分解任务，对标党中央支持民营经济发展壮大的政策举措，紧密结合公安工作实际，进一步创新完善保障和服务民营企业的各项措施”，并对公安工作提出了具体要求。①

三、企业刑事案件发案情况

企业发展过程中在生产经营、融资、产品质量、国际贸易、对外公关、对内职权管理等各个领域，受到土地、海关、工商、税务、知识产权、金融、环保等各方面的国家监管。本书第一章中引用的数据显示，企业家犯罪集中的罪名主要是非法吸收公众存款罪、虚开增值税专用发票、用于骗取出口退税、抵扣税款发票罪、职务侵占罪、合同诈骗罪、受贿罪等五个罪名。这些罪名集中在公司运营管理中，覆盖了决策、利益分配、经营、对外交往等公司内控环节，而这些领域往往行政监管强度高，刑法打击力度大。由于我国的刑法与行政法等其他部门法的衔接尚缺乏法律制度设计，容易使司法机关对刑事行政交叉地带难以掌握界限，也容易使企业对经济行为的刑法边界难以预测。同时由于企业在经营活动中经济体量大、涉及金额大，往往一旦违规即很可能触犯刑法。

四、不利于企业保护的现实问题

（一）当前以羁押为主的司法程序审查纠偏迟缓

诉前羁押时间普遍过长，企业难以应对各方面矛盾多发的局面。

①《中共中央关于全面推进依法治国若干重大问题的决定》：第四条第二项规定“优化司法职权配置。健全公安机关、检察机关、审判机关、司法行政机关各司其职，侦查权、检察权、审判权、执行权相互配合、相互制约的体制机制”。据此，公安机关是广义的司法机关。

根据刑事诉讼法规定，犯罪嫌疑人被刑事拘留到一审判决结束，时间可能需要长达十五个半月以上，还不包括退回补充侦查时间。

对民营企业而言，企业负责人被羁押后，整个企业可能处于瘫痪状态。例如，某民营养老产业集团，因在养老产业经营过程中采取会员费的方式收取资金后，给与会员一定返利，涉嫌非法吸收公众存款罪，被公安机关立案，案件涉及数千名老年被害人，公司董事长被批准逮捕。企业经过了刑事拘留、退回补充侦查等时间较长的程序后，终于等来了司法机关对董事长取保候审的决定。而在此之前，董事长的妻子独自苦撑危局，经历了种种危机与变故。再如：从 2005 年 5 月，顾雏军被立案侦查到最高法第一巡回法庭再审判决撤销原判对顾雏军犯虚报注册资本罪，违规披露、不披露重要信息罪的定罪量刑部分和挪用资金罪的量刑部分，对顾雏军犯挪用资金罪改判有期徒刑五年，历时 14 年，共 5083 天。张文中案从首次被羁押到改判无罪共计 4278 天。

（二）刑法对单位犯罪规定有待完善

我国《刑法》第 30 条和第 31 条规定的单位犯罪，是在 1997 年制定的，已经不适应当前的单位犯罪情况，理由如下：

（1）目前刑事诉讼法关于宽缓的刑事政策，分别为：刑事和解制度，相对不起诉制度主要适用于刑法规定的三年以下的犯罪，而企业犯罪通常涉及的犯罪金额、影响面大，一般都在情节严重的三年以上。

（2）《刑法》尚未对单位犯罪规定做从轻、减轻处罚规定。2018 年在刑事诉讼中增加了认罪认罚从宽制度（《中华人民共和国刑事诉讼法》第 15 条），但没有对单位犯罪的认罪情形做界定，实践中也缺乏把握的标准，涉嫌犯罪的企业家代表单位承担被刑事追诉期间，企业家个人认罪是否都等于单位认罪、单位认罪需要具备哪些要素、企业家签署了认罪认罚具结书，本人是否可以被取保候审等待。由于单位与自然人存在巨大差别，从刑法理论角度来说，处罚单位的前提应首先进行归责。因此对单位进行刑事归责的前提也应有所不同。

较多法律人士认为，单位承担刑事责任的前提应着眼于其内部治理结构和运营方式，因此企业是否建立并实施有效的合规计划应当成为单位犯罪定罪量刑的重要考量因素。

（三）单位犯罪认定标准尚不完善

现有关于单位犯罪的司法解释主要有：《最高人民法院关于审理单位犯罪案件具体应用法律问题有关问题的解释》（1999年6月25日）、《最高人民法院研究室关于企业犯罪后被合并应当如何追究刑事责任问题的答复》（1998年11月18日）、《最高人民检察院关于涉嫌犯罪单位被撤销、注销、吊销营业执照或者宣告破产的应如何进行追诉问题的批复》（2002年 7月9日）、最高人民法院《全国法院审理金融犯罪案件工作座谈会纪要》（2001年1月21日）有部分关于单位犯罪的规定、最高人民检察院公诉厅《关于办理涉互联网金融犯罪案件有关问题座谈会纪要》（2017年6月1日）有部分关于单位犯罪的规定，这些规定主要集中在如何认定单位意志、单位决策、单位变更后的责任追究等方面，尚未将单位内部治理结构、运营方式，作为单位犯罪定罪量刑的因素。

五、合规计划——对单位进行刑事归责的新思路

自然人犯罪，应当具备责任能力、故意过失等可谴责性的要素。但是对于单位而言，其意志实际上是虚拟出来的，很难用自然人的责

任要素等同评价。换言之，单位出了问题，大部分是内部治理出了问题。借鉴国外经验，合规计划的制定和实施可以作为司法机关评价单位内部治理结构和运营方式的抓手，如果该单位具有良好的合规计划且予以实施，那么，可以考虑该单位内部治理结构和运营方式是健全的，因而也就可以考虑降低或阻却单位的刑法责任，[①] 直接追究触犯触犯刑法的个人。如果将合规计划写入刑法，作为单位犯罪减轻或者去罪的法定理由，则可以成为保护企业和企业家政策落实的有力抓手。

“合规计划”是一种犯罪控制和治理的“家庭模型”，其“特别的魅力在于原本属于国家主权的管理责任转移给了私人”，可以使刑法模式由“对抗模式”走向“合作模式”。[②] 它有助于企业把刑法及司法解释的要求细化为他们自己的行为准则，从深层次贯彻执行刑法规定确定的刑法价值标准。有助于节约国家司法资源，当企业被定性为犯罪的时候，可以给企业缓冲自救的机会。有助于给司法机关在办理案件中保护民营经济健康发展提供有力抓手。

（1）建议全国人民代表大会常务委员会在我国刑法第 31 条中增设第二款：单位提供有效合规计划的，可以从轻、减轻或者免除处罚。本法所称的合规计划是指单位为发现、预防和制止犯罪而制定的机制。[③]

（2）建议在刑事诉讼中增加暂缓起诉制度，在刑事案件侦查到审判期间，检察机关可以对制定了有效合规计划的企业决定暂缓起诉，单位能够如实履行合规计划，明显纠正错误行为的，可以考虑免于对单位负责人直接进行刑事处罚。

---

① 时延安：《合规计划实施与单位的刑事归责》，载《法学杂志》2019 年第 9 期，第 21—22 页。

② 李勇：《“合规计划”中须有刑法担当》，载《检察日报》2018 年 5 月 24 日第 3 版。

③ 万方：《企业合规刑事化的发展与启示》，载《中国刑事法杂志》2019 年第 2 期，第 65 页。

（3）建议最高人民法院、最高人民检察院制定关于单位犯罪的司法解释，明确有效“合规计划”的具体标准。

总之，合规计划作为对企业定罪量刑的重要参考，在我国保护企业发展的政策下有必要建立，在世界多个国家已经有相当成熟的经验。合规计划既可以从源头促使企业自觉守法，也可以成为企业涉及刑事案件时，司法机关区别个人责任还是单位责任的法律依据，从而保护民营企业不会因为偶发的个人行为承担刑事责任。对于企业而言，与其心存侥幸地试探刑法边界，不如日常经营中构筑有效的合规防火墙，只有违法边界明确清晰，才能保证企业行为合法合规，只有这样企业这趟动车才能铆足干劲、加大马力飞奔向前。

（本章撰写人：潘燕、赵光耀）

结语

《左传》有云："居安思危，思则有备，有备无患，敢以此规。"追求利润最大化是企业的目标所在，许多企业会打法律擦边球，疏于规避刑事风险。企业以利润为导向无可厚非，但在法治社会的生存中应当学会合规经营。在"知法、懂法"的前提下，更要学会"守法、用法"。刑事合规，重点在于企业合规经营，将各种刑事风险提前预警，做好刑事合规计划，预防企业刑事风险，是保障企业平稳运行的重要举措。

在2020年新冠肺炎的防控阻击战中，医务人员战斗在第一线，为他们提供口罩、护目镜、防护服、药品等医疗物资的，正是那些默默复工生产的企业。如果说医务人员是战士，这些医疗物资就是他们的弹药。如果弹药出现问题，就可能会有更多人为此付出生命的代价。然而，仍然有少数人心存侥幸，在生产销售中违法违规，不断触碰刑法红线。疫情之下，不仅政府的治理能力在接受严峻考验，企业也在接受利益和法律的双重考验。

在抗击疫情的战斗中，法律人希望能贡献自己的专业知识，着眼于企业在面临突发公共卫生事件时的紧迫需要，结合案例和法律规定，为企业提供一份安全稳定生产的刑事合规指南。在一个个生动的案例中，明白何种经营活动可能面临刑事风险，避免陷入企业破产危机。

正如习近平总书记指出，要坚定信心，看到我国经济长期向好的基本面没有变，疫情的冲击只是短期的，不要被问题和困难吓倒。企业是社会的细胞，企业的正常运转保障了社会的正常运转。当疫情结束，乌云散去，合规经营的企业就将成为社会最积极活跃的细胞，迸发出强大的生命力。

此书能够完成，得益于泰和泰刑事合规法律中心全体同仁的凝心聚力，认真完成各项梳理、写作任务。没有创作团队协同合作，就不会有本书的面世。特别要感谢的是中国出版集团研究出版社的编辑老师们所付出的辛劳和帮助，让这本书尽快与公众见面。

2020 年 2 月 21 日